ein Ullstein Buch

ÜBER DAS BUCH:

Die Frau, die sich den Luxus leistete, mit 41 Jahren ihre erfolgreiche Karriere als Geschäftsfrau aufzugeben, um ihren Traum vom einfachen Leben zu verwirklichen, lebt nun glücklich in dieser neuen Welt im Tessin. Sie ist umgeben von Tieren und einer Dorfgemeinschaft, die sie aufgenommen hat. Drei junge Menschen kommen hinzu – werden sie ihrer Gastgeberin, die das Alleinsein zu genießen gelernt hat, nicht lästig fallen? Der überraschende »Große Schnee«, der das Bergtal zeitweise von der Außenwelt abschneidet, wird für die Hausgemeinschaft zum Prüfstein – bis endlich der Schnee schmilzt und ein neuer Sommer mit neuen Plänen vor der Tür steht.

DIE AUTORIN:

Kathrin Rüegg, im März 1930 in Arosa geboren. Mit siebzehn Handelsdiplom; Fremdsprachenkorrespondentin; Direktionssekretärin. Ab 1951 zunächst als Hobby Ankauf alter Möbel bei Trödlern, dann nebenamtlicher Antiquitätenhandel. 1961 Eröffnung eines eigenen Geschäfts in Basel. 1971 Entschluß, ihre Karriere aufzugeben und ins geliebte Tessin zu ziehen. 1975 erscheint ihr erstes Buch über das neue Leben, *Kleine Welt im Tessin* (UB 20674), und wird ein überragender Erfolg.

Kathrin Rüegg

Nach jedem Winter kommt ein Sommer

Tessiner Tagebuch

ein Ullstein Buch

ein Ullstein Buch
Nr. 20769
im Verlag Ullstein GmbH,
Frankfurt/M – Berlin

Ungekürzte Ausgabe

Umschlagentwurf:
Hansbernd Lindemann
Foto: Rolf Kleinschnittger

Taschenbuchausgabe mit Genehmigung
der Albert Müller Verlag AG,
Rüschlikon-Zürich

Printed in Germany 1989
Druck und Verarbeitung:
Ebner Ulm
ISBN 3 548 20769 3

März 1989
16.–19.Tsd.

Von derselben Autorin
in der Reihe der
Ullstein Bücher:

Kleine Welt im Tessin (20674)
Dies ist mein Tal – dies
ist mein Dorf (20675)
Mit herzlichen Tessiner Grüßen (20747)
Von Lämmern und Leuten in Froda
(20820)
Großer Stall – kleines Haus (20860)
Ein Dach überm Kopf (20928)

CIP-Titelaufnahme
der Deutschen Bibliothek

Rüegg, Kathrin:
Nach jedem Winter kommt ein Sommer:
Tessiner Tagebuch / Kathrin Rüegg. –
Ungekürzte Ausg., 16.–19.Tsd. –
Frankfurt/M; Berlin: Ullstein, 1989
(Ullstein-Buch; Nr. 20769)
ISBN 3-548-20769-3
NE: GT

Für Susi, Armin und Fränzi
Meier, meine Kumpel im
tiefen Schnee des Tessins

Der Zug hält kreischend. Ich öffne die Türe, steige aus. «Buon giorno, Signora», sagt der Mann mit der roten Mütze zu mir, «auch wieder im Land?»

Schön ist es, heimzukommen, schon vom Bahnhofsvorstand begrüßt zu werden, obschon der Bahnhof gute dreißig Kilometer von Froda entfernt ist.

Sechs Wochen lang stand mein Auto hier, wartete auf mich, so wie ich auf meine Heimkehr wartete. Sechs Wochen sind eine lange Zeit. Wie viele Kilometer ich eisenbahnfahrend hinter mich gebracht habe, weiß ich nicht. Auch in der kleinen Schweiz summieren sie sich, wenn man zickzack fährt. Montag Chur, Dienstag St. Gallen, Mittwoch Zürich, Donnerstag Schaffhausen, Freitag Aarau, Samstag Basel. So reist einer, der Bücher schreibt und sie dann in Buchhandlungen signieren geht.

«Lustig ist das doch, so herumzukutschieren. Das sind die schönsten Ferien.» Emilia war dieser Ansicht, als ich ihr meinen Reiseplan zeigte. Der Ton ihrer Stimme klang ein bißchen neidisch. Ich muß sie mal fragen, ob sie je schon weiter als bis Bellinzona und Locarno gekommen ist.

Nun schnurrt mein Auto bergauf. Es scheint, als ob es ganz ohne meine Hilfe die vielen Kurven hinter sich brächte, als ob es Stalldrang hätte wie ein gutes Pferd. Ich begrüße im stillen jene malerischen Winkel des Acquaverdetals, die ich besonders gerne mag, winke einem mir entgegenkommenden Fahrer. Er winkt zurück. Wer auch im Winter hier wohnt, kennt sozusagen jedes Auto und den dazugehörenden Fahrer.

In Froda stehen ein paar Leute beim Wagen des Bäckers, der das ganze Tal bedient.

«Ciao Caterina, schön, daß du wieder da bist.»

Ich steige aus, atme einmal tief, tief ein. Onkel Arthur ist der Ansicht, die Luft in Froda sei so prickelnd wie Champagner! Nun riecht sie ein bißchen nach Holzrauch. Schnee bedeckt die Wiesen und Häuser, nicht viel, bloß etwa dreißig Zentimeter. Schnee bedeckt die Wunden, die die Bagger ins Bett meines grünen Flusses gerissen haben, Schnee liegt auch auf der häßlichen Betonbrücke, die sie anstelle meiner Hängebrücke gebaut haben. Wie ein viel zu schwerer Balken liegt diese Brücke in der Landschaft, unproportioniert, vorfabriziert, zivilisiert. Und dazu kommt, daß sie noch keinen Aufgang und keinen Abgang hat. Ich muß nun talaufwärts durchs steinige Bachbett kraxeln, über ein paar auf die Felsen gelegte Bretter balancieren.

Es gibt viele Leute, die mich deswegen noch ein bißchen mehr bedauern, als sie es sonst schon tun. Solche, die der Ansicht sind, so einsam zu leben, so abgelegen, so mühsam, weil man auch noch den

Berg durch den Haselwald hochsteigen muß, das sei doch einfach rein unmöglich.

Ich habe es längst aufgegeben, solchen Leuten zu erklären, daß ich an keinem Ort der Welt lieber sein möchte als gerade hier in Froda, in meinem Häuschen mit den krummen Mauern, bei meinen vielen Tieren. Ich bin viel lieber Königin in einem winzig kleinen Reich als ein anonymes Individuum in einer städtischen Luxuswohnung.

Es gibt ein reizendes schweizerdeutsches Sprichwort, nach dem ich seit jeher lebe: «Jedem Würmli sys Blatt» – jedem Würmchen sein eigenes Blatt. Wenn mir mein Blatt nun besonders gut gefällt, soll man mir doch die Freude lassen. Die Mühe, diese Freude zu erreichen, ist *meine* Mühe und macht meine Freude um so größer.

Ich lege meinen Koffer ins Seilbähnchen, den Mantel auch. Ein Mantel ist praktisch für die Stadt. Hier behindert er mich, bleibt an Brombeerranken und Haselstauden hängen. Die Luft ist so trocken, daß ich auch bei mehreren Graden unter Null immer noch in meinem handgesponnenen Pullover warm genug habe. Ich bin kaum ein paar Schritte auf meiner Flußseite gegangen, da höre ich erst Gebell, dann das Geheule und Gejaule meines Hundes. Bona schießt wie eine schwarze Kugel über den Fußweg, wirft mich beinahe um vor Freude. Wir haben ein längeres Gespräch miteinander und gehen bergaufwärts. Plötzlich fühle ich ein Gewicht auf meinen Schultern. Ein Katzenköpfchen reibt sich an meiner Wange. Der rote Kater Fritzli hat meine Stimme gehört und gesellt sich zum Empfangskomitee. Und wo Fritzli ist, ist auch Tintin nicht weit weg. Tintin hat mich nicht hören können. Sie ist taub, aber sie geht immer dorthin, wo ihr Freund Fritzli ist. Sie streicht mir um die Beine und sagt:

«Määähu», denn Tintin kommt aus Bern und ist die schönste, ganz, ganz weiße Angorakatze – wenn sie sich nicht gerade in irgendeinem Schmutzhaufen oder Miststock gewälzt hat.

Bonas Freudengeheul, die Begrüßung der Katzen – das war nur Vorspiel, sozusagen die Ouverture im Empfangskonzert, denn nun wackeln die steinbedeckten Dächer von Froda, klirren die Fensterscheiben. Pierino hat meine Stimme gehört und begrüßt mich auf seine Art:

«Iiiah, iiiah». Er unterbricht seine Trompetenstöße, um ein Geseufze von sich zu geben, das ähnlich tönt wie Marinos Motorvelo, wenn es nicht anspringen will.

Ich gehe nicht ins Haus, sondern gleich zum Stall. Die beiden Schafe Kitti und Kätti springen mir entgegen. Groß sind sie geworden, noch größer, weil ihre Wolle ein ganzes Stück gewachsen ist. Sie raufen sich mit Pierino, um meiner rechten Hosentasche möglichst nahe zu sein. Dort drin hat's immer ein bißchen hartes Brot. Die beiden Fridoline krähen, die Hühner rennen ans Gitter des Hofes.

«Gähgähgäh», ruft mir meine Mathilde entgegen.

«Mathilde», rufe ich.

«Gähgähgäh», antwortet sie.

Mathilde ist eine Graugans. Sie watschelt zu mir, hinter ihr stolziert Seppli, der weiße Truthahn, gefolgt von seinen drei Hennen. Sepplis Kopfhaut ist dunkelrot.

«Glugluglu», ruft er mir zur Begrüßung zu.

Auch zwei, drei der im Hühnerhof freilebenden Kaninchen hoppeln zu mir. Ich habe für sie ein Haselästchen mitgebracht, an dem sie sofort vergnügt zu knabbern beginnen.

«Salü», ruft Luzis Stimme von irgendwoher. Luzi ist mein um achtzehn Jahre jüngerer Stiefbruder. Er hat mich während meiner Abwesenheit vertreten.

«Wo bist du?»

«Hier», sagt er und schwenkt beim Eingang zum Hühnerstall das Eiereimerchen.

Ich setze mich auf die sonnenbeschienene Mauer beim Hühnerhof, umdrängt von Hund, Katzen, Esel und Schafen.

«So», sage ich, «nun bin ich wieder da und gehe

ganz, ganz lange nicht mehr fort. So schön wie hier ist's nirgendwo, und so gut wie hier riecht's nirgendwo, und liebere Tiere und einen besseren Bruder gibt's auch nirgendwo. Was will ich denn noch mehr?»

Dann gehe ich zum Haus, öffne das quietschende Gartentörchen. Der Steintisch im Garten ist gedeckt. Auf den drei Gartenstühlen liegen Schaffelle. Man kann hier rings um den Kalender draußen zu Mittag essen, wenn man sich entsprechend installiert. Aus der Küche schwebt ein herrliches Düftchen nach Rösti – Röstkartoffeln. Rosmarie steht unter der Küchentür, eine Schüssel Salat in der Hand. Rosmarie ist Luzis Freundin, zwanzig Jahre alt, blondhaarig, blauäugig und so hilfsbereit wie er. Schön ist es, diese Jungmannschaft hier zu haben, ein bißchen umsorgt zu werden.

Noch vor dem Mittagessen muß ich einen Inspektionsgang mit Luzi machen: hier hat er einen Zaun ausgebessert, da ein neues Schloß angebracht, die Gitter der Kaninchenställchen verstärkt, die Türe zum Hühnerhof abgedichtet. Servicearbeit, die auf einem Bauernhof nie vernachlässigt werden darf, auch wenn der Bauernhof nur winzig klein ist.

Auch Odivios Schafe sind von der Alp zurück und werden wiederum von uns besorgt. Sechsundzwanzig sind es. Ein paar der Tiere sind hochträchtig. Ich freue mich schon auf die Lämmchen.

Nachmittags packen Luzi und Rosmarie ihre Koffer. So wie ich alle Tiere ringsum begrüßte, nehmen sie nun bei allen Abschied, und ich bin wiederum allein in meinem kleinen Paradies im Acquaverdetal. Ich bin Alleinsein gewöhnt, habe es gerne, aber in der Gesellschaft von Luzi und Rosmarie war es *noch* schöner.

*

Ich besorge alle Tiere, halte einen Schwatz mit Emilia, die im Stall einen Steinwurf weiter unten dieselbe Arbeit tut, und dann setze ich mich hinter einen halbmeterhohen Stoß Post. Vorsortierung: hier Rechnungen, hier Zeitungen, hier ein Brief vom Verlag, hier Briefe von Freunden, hier Leserbriefe. Von letzteren so viele, daß ich sie lieber gar nicht zähle. Den Verlagsbrief öffne ich zuerst. Hier ist er:

Albert Müller Verlag AG
Rüschlikon Rüschlikon, den 7. Dezember 1977

Frau Kathrin Rüegg
Froda / Tessin

Liebe Frau Rüegg!
Wir sind damit beschäftigt, unser Verlagsprogramm für das nächste Jahr zusammenzustellen.

Deshalb fragen wir Sie heute an, ob wir auch diesmal eine weitere Fortsetzung über Ihr Leben im Tessin erwarten dürfen. Wir werden von Ihren Lesern täglich danach gefragt und würden uns sehr freuen, im Herbst 1978 einen neuen Band herauszugeben.
Mit freundlichen Grüßen

Albert Müller Verlag AG

Dringende Korrespondenz erledigt man am besten sofort. So krame ich denn meine Schreibmaschine hervor und tippe die Antwort:

Lieber Herr Müller,
vielen Dank für Ihren Brief. Ich glaube kaum, daß ich Ihnen mit einer weiteren Fortsetzung dienen kann. Mein Leben läuft in gleichbleibenden Bahnen, deren Rhythmus von den Jahreszeiten dirigiert wird. Diese Jahreszeiten brausen an mir vorbei wie ein Zug, wobei ich es kaum schaffe, auf den hintersten Wagen aufzuspringen. Aber was bei mir geschieht, das habe ich schon beschrieben – und wiederholen will ich mich nicht. Wenn Sie etwas von mir herausbringen möchten, dann schlage ich Ihnen ein Tierbuch vor. Katzen, Hunde, Schafe, Esel, meine täglichen Kameraden, die beobachte ich von früh bis spät, habe vielleicht teilweise Dinge

festgestellt, die noch niemandem bekannt sind. Aber eine Fortsetzung wäre das kaum zu nennen. Eine Fortsetzungshandlung zu erfinden, dazu bin ich nicht imstande. Ich habe einmal einen Winter mit sogenannter dichterischer Arbeit verbracht, um das fertige Manuskript dann zu verbrennen. Zweimal soll mir das nicht passieren. Ich bin kein Schriftsteller, bloß der Chronist dessen, was bei mir und in meinem Tal geschieht.

Vermutlich wird dieser Winter so vergehen wie der letzte. Die Höhepunkte werden der erste und der vierte April sein: dann bekommen meine beiden Milchschafe ihre ersten Lämmchen. Das gehört in ein Tierbuch. Auch die Erlebnisse beim Schafehüten, die Freundschaft zwischen Katze und Esel, verschiedene andere Tierfreundschaften, ebenfalls Stoff für ein Tierbuch. Wenn Sie damit einverstanden sind, setze ich mich hierfür sofort an die Schreibmaschine.

Inzwischen bin ich

mit herzlichen Tessiner Grüßen
Ihre Kathrin Rüegg

Dann wende ich mich dem Stapel Leserbriefe zu. Der erste, mit einer klaren, jugendlichen Schrift geschrieben, kommt von jemandem namens Susi. Ein Susi, das mich im Sommer zweimal besuchte und mir beim Heuen half. Sie ist Sekretärin und zweiundzwanzig Jahre alt und fiel mir unter den vielen andern Leserbesuchern auf, weil sie mit ihrem kurzgeschnittenen Schwarzhaar mit den Simpelfransen, den katzenartigen Augen und wunderschönen Zähnen den Eindruck eines frischen, gesunden Menschen machte. Und dann der Name Susi, den ich besonders gern mag, seitdem ich eine Katze hatte, die Susi Stäubli hieß. Dieses Susi nun fragt mich an, ob es bei mir so eine Art Bäuerinnenlehre machen dürfe während der Zeit, wo es auf sein Visum für Kanada warte. Es würde gerne gratis bei mir arbeiten, gegen Kost und Logis.

Mein erster Gedanke war: im Winter brauche ich doch gar keine Hilfe. Tiere füttern und tränken, misten, das habe ich in durchschnittlich täglich zwei, drei Stunden bis jetzt immer geschafft.

Aber, so überlege ich weiter, dieses Jahr kommen die Heutransporte dazu. Ich habe in Cortino, eine halbe Wegstunde flußaufwärts, etwa zwei Tonnen Heu ernten können. Pierino soll sich seinen Lebensunterhalt damit verdienen, dieses Heu für sich und die beiden Milchschafe von Cortino nach Hause zu tragen. Da Pierino bislang zu jung war, um zu arbeiten, wird es vielleicht besser sein, wenn man am Anfang zu zweit um Heu geht. Also wäre dies eine nützliche Beschäftigung für Susi. Nebst der Hilfe bei den Tieren, die mir dann mehr Zeit zum Schreiben ermöglichen würde.

Und dann erinnere ich mich auch an die üble Zeit meiner Grippe, die kaum mehr heilen wollte, weil ich meine Arbeit auch bei hohem Fieber in Wind und Schnee fortsetzen mußte.

Zwar hatte ich mir vorgenommen, das Experiment Michelangelo müsse ein einmaliges bleiben. Auch Michelangelo hatte gegen Kost und Logis gearbeitet – und Bezahlung seiner unzähligen Schulden. Er war ein Säufer, ein Vagabund, mit einem meist guten Herzen, das ihm dann hie und da durchbrannte und ihn zu einem unberechenbaren Alkoholiker stempelte. Aber Susi schien die gut erzogene Tochter einer gutbürgerlichen Familie aus dem Berner Oberland zu sein, die außer denselben Anstellungsbedingungen mit Michelangelo nichts gemeinsam hatte. Nach Abwägen aller Punkte pro und kontra Susi entschloß ich mich, ihr eine zusagende Antwort zu geben.

Bitte: ich gaukelte ihr gar nichts vor. Im Sommer bei schönem Wetter schaut's bei mir sehr romantisch aus. Aber ein Winter kann entsetzlich lang sein. Letztes Jahr waren wir während zweier Tage von der Umwelt abgeschnitten. In meinem Hausgang ist es so kalt, daß die Geranien erfrieren. Mein Gäste-Schlafzimmer ist winzig klein. So klein, daß man auch in der Mitte des Raumes, der im Dachgiebel gelegen ist, nicht stehen kann. Warm ist das Wohnzimmer – aber der Kamin raucht –, und um in die Küche zu gelangen, muß man immer durchs Freie gehen.

Pierino konnte, wenn er schlecht gelaunt war, sehr unangenehm beißen. Dafür war Bona lieb, von den sechs Katzen gar nicht zu reden. Und einsam war es hier im Winter. Ich würde einziger deutschsprachiger Gesprächspartner sein – mit einem täglichen italienischen Schwätzchen mit Emilia und samstags und sonntags mit Odivio – wenn er von San Michele hierherkam, um zu sehen, was seine von mir gepflegten Schafe machten.

– Ende des winterlichen Gesellschaftslebens in Froda!

P.S. Dafür bestand die Möglichkeit, bei mir das Handspinnen von Schafwolle zu erlernen.

Susi entschloß sich trotzdem, den Winter bei mir zu verbringen, Einsamkeit und Kälte hin oder her.

Mein Haus ist klein. Ferienhalber ein bißchen eng zusammengepfercht sein, ist möglich. Wie würde es sein, wenn wir beide infolge des schlechten Wetters den Tag im kleinen Wohn-Eß-Arbeits-Schreibzimmer verbringen mußten? Störte da keiner den andern?

Ich dachte an Onkel Arthur, der immer sagt, man müsse «die Dinge an sich herankommen lassen», und tat bezüglich meiner Platzsorgen dasselbe.

Susi kam mit ihrem klapprigen Volkswagen-Käfer, hübsch angezogen mit Jeans, blauem Blazer und kecker, schottisch karierter Schirm-Mütze. Es ging gegen Abend – ich war gerade dabei, die verschiedenen Futtermischungen für die Tiere vorzubereiten. Susi schrieb die ganze Tabelle – auch die Morgenfütterung – auf, denn ganz einfach ist ein Bauernhöflein mit verschiedenen Tieren nicht.

Hühner (morgens): 4 Meßkellen Hühnermehl, 1 Eßlöffel Lebertran, 1 Eßlöffel Futterkalk, 1 Eßlöffel Kräuter (abwechselnd!), evtl. Speisereste, 1 Kaffeelöffel Salz, frisches temperiertes Wasser; abends: 4 Meßkellen Körnermischung, frisches Wasser.

Kaninchen, Mathilde und Truten: 3 Meßkellen Kleie, in Milch geweichtes Brot für Jungtiere, hartes Brot für die Großen, 3 Meßkellen gequetschte Gerste, 1 Eßlöffel Futterkalk, 1 Eßlöffel Kräutermischung angemacht mit 1 1/2 Liter Milch aus Milchpulver, darüber Haferflocken, Äpfel, Sonnenblumenkerne, Rüben, Birnen, Topinambur oder Gemüseabfälle, Haselzweige, frisches temperiertes Wasser, Heu (natürlich nicht für Geflügel), für Mathilde ein großes Becken Wasser als Morgenbad.

Milchschafe: Kleie, Gerste, Rüben oder Äpfel, Mineralsalz, Heu, Wasser mit Apfelessig oder Thymianaufguß (gegen Husten).

Pierino: Kleie, bei Arbeitsleistung Kleie und Gerste, Heu, temperiertes Wasser.

Schäflein Odivios: Kleie, hartes Brot, Kartoffelschalen, Heu, Wasser.

«Weshalb erhalten Odivios Schafe kein Mineralsalz, und weshalb gibst du deinen Schafen keine Kartoffelschalen und kein hartes Brot?»

«Weil meine Schafe Milchschafe sind und ihre Rasse aus Ostfriesland stammt. Dort ist der Boden salzig – deshalb brauchen sie mehr Minerale.» Laut dem Leitfaden für Milchschafe sind vor allem Kartoffelschalen für meine Tiere ungesund – Odivios Schafe wurden immer so gehalten, wie er es auch jetzt wünscht. Man gewöhnt sich schnell an die verschiedenen Menüs – und alle sind dabei zufrieden und gesund.

«Ganz schön kompliziert», findet Susi und faltet ihre Liste. Halt, jetzt fehlen noch die Katzen und Bona sowie die Meislein und Buchfinken. Susi notiert auch da die verschiedenen Diäten inklusive Brosamen.

Bauern, die bloß eine Tierart halten, haben's leichter. Gewiß. Aber nach meiner Ansicht ist meine Art zu bauern die ursprünglichere, logischere und gesündere. Ich habe kaum Abfälle. Was eine Tierart nicht mag, hat die andere besonders gern. Meine Arbeit ist abwechslungsreicher, mein Speisezettel auch. Und am meisten freu' ich mich auf Schafkäse und Butter.

Susi rümpft die Nase:

«Ob das wohl gut ist?»

Es *ist* gut. Schafmilch ist geschmacklich noch besser als Kuhmilch. Ein bißchen süßer und sehr viel sahniger. Und Beigeschmack wie Ziegenmilch hat sie auch nicht.

Susi ist, das merke ich bald, eine große Skeptikerin. Ich werd' ihr die Güte meiner Schafprodukte erst beweisen müssen.

«Wann gibt es denn Schafmilch?»

«Sobald meine beiden geworfen haben. Das wird anfangs April der Fall sein.

Dann versuchen wir aber bloß ein Schlückchen, um damit auf das Wohlergehen der Kleinen anzustoßen – denn die ersten vier Wochen sollen die Lämmchen alle Milch ihrer Mütter bekommen.»

«Wieso weißt du denn die Geburtsdaten der Lämmchen so genau?»

Das ist eine lange Geschichte, die erste Geschichte, die ich Susi in diesem langen Winter zu erzählen vorhabe. Hier ist sie:

Wer ostfriesische Milchschafe hält, tritt der – tief einatmen, bitte – Schweizerischen Milchschafzuchtgenossenschaft bei. Bald nach Einsendung des Anmeldeformulars stelle ich fest, daß ich damit aufgenommen worden bin in einer großen, höchst sympathischen Familie. Ich erhalte eine Liste sämtlicher Milchschafzüchter unseres Landes und sehe mit Freuden, daß wir im Tessin schon ein ganz nettes Grüppchen sind. Dann gibt es ein Mitteilungsblatt, aus dem reger Kontakt der einzelnen Züchter untereinander ersichtlich ist. Da werden Spinnabende organisiert, Schafmilch- und -fleischrezepte ausgetauscht, Ratschläge zur Krankheitsverhütung gegeben.

Höhepunkt im Milchschafzüchterjahr ist der Markt in Brugg. Er findet jeweils anfangs September statt. Lotti, bei der ich letzten Frühling meine beiden Schafe kaufte und die inzwischen eine liebe Freundin geworden ist, hat vor, an diesem Markt einen Verkaufsstand aufzustellen mit Tessiner Handwerkserzeugnissen, selbstgemachten Marmeladen und – Kathrin Rüeggs Büchern, «die die Autorin signiert». Ich gehe liebend gerne auf Märkte – und wahrscheinlich bin ich die erste Schweizer Autorin, die ihre Bücher auf einem Schafmarkt unterschreibt! Das darf man wie man will ansehen. Positiv oder negativ. Für mich ist es eine Ehre.

Ein Milchschafmarkt ist ganz anders als ein anderer Viehmarkt. Es fehlen die Gesichter der knorrigen Bäuerlein mit der Pfeife im Mund, es fehlen auch die Marktstände, die Kitsch feilhalten. Hier findet die Zusammenkunft eines neuen Bauernschlages statt: es sind auffallend viele junge Leute dabei, auffallend viele bärtige Männer. Die meisten sind sehr rustikal gekleidet. Einen Marktstand gibt es, da muß jedes Herz jauchzen: biologisch gezogenes Gemüse, so schön präsentiert, daß das Ganze eher wie ein riesiger Blumenstrauß aussieht. Dann gibt es Stände mit selbstgefärbter Wolle, mit handgesponnener Wolle, mit Stoffen aus selbstgefärbter, selbstgesponnener und selbstgewobener Wolle. «Selbst» wird bei Milchschafhaltern groß geschrieben! Holzarbeiten, Schaffelle, kunstvoll geflochtene Zwiebelzöpfe. Ich kaufe mir einen, obschon auf meinem Gartenbeet die Zwiebeln für den gesamten nächsten Winterbedarf noch stehen. Ich kauf' mir einen Zwiebelzopf, weil er mir gefällt.

Der rechten Seite der Markthalle entlang stehen die Tiere, um die sich der ganze Markt dreht: die Milchschafe mit den seidigen Köpfen, den langen Ohren, den kurzbehaarten Beinen und nackten Schwänzen, die Schafe, von denen Emilia sagt, sie seien furchtbar häßlich, und von denen ich finde, sie seien wunderschön. Sie stehen auf Strohstreue, haben ordentliche Heuhaufen vor der Nase, schauen geduldig wiederkäuend ins Menschengewimmel. Hie und da geht ein Marktbesucher oder vielleicht auch ihr Besitzer zu ihnen, spricht mit ihnen, krault ihren Kopf. Da sind zwei eifrig ins Gespräch vertieft, rufen einen dritten her, man befühlt die Wolle der Tiere. Um festzustellen, ob sie fett oder mager seien, muß man recht tief greifen, denn Milchschafe werden nur im Frühjahr geschoren und tragen jetzt schon einen respektablen Pullover.

Am Kopfende der Tiere steht groß angeschrieben eine Nummer. Man bekommt eine Liste in die Hand gedrückt: die Tiere, die versteigert werden sollen. Mit Angabe der Milchleistungen, der Abstammung, mit Namen von Amata bis Zäzilia und Arno bis Züribueb. Daß ich von meinen Tieren je mindestens vierhundert Liter Milch im Jahr erwarten darf, bestätigen mir die angegebenen Milchleistungen der ausgestellten Schafe.

Dann muß ich an die Arbeit. Ich setze mich an Lottis Stand, signiere die vorbestellten Bücher. Es bleiben herzlich wenige zum weiteren Verkauf übrig.

«Hätt' ich doch mehr bestellt», seufzt Lotti. Aber fein ist es doch, nun einen leeren Stand zu haben.

«Schau, die Heurechen, die du mir aus Froda gebracht hast, die Polentaschüsseln, die Salatbestekke, meine ganzen Marmeladen, alles ist weg. Ich hab' mir mein Reisegeld nach Brugg finanziert. Und nun gehen wir uns einen Schafbock ersteigern.»

Dieser Schafbock ist das wichtigste Traktandum des heutigen Tages. Wir Milchschäfeler nehmen es genau mit der Vermeidung von Inzucht. Lottis, und somit auch meine Tiere, haben Namen, die mit

K beginnen. Folglich müßten wir einen Bock finden, dessen Namen diesen Anfangsbuchstaben nicht hat. Es gäbe einen «Seestern», auch «Otto» käme in Frage. «Anton», Lottis bisheriges Zuchttier, wird ebenfalls versteigert. Jedes Schaf wird einzeln in einen Ring geführt, seine Abstammung verkündet.

«Wer bietet zweihundert Franken?»

«Zweihundertfünfzig», ruft einer, «dreihundert» ein anderer, «dreihundert zum ersten, dreihundertzwanzig, vierzig, sechzig.»

Ich studiere die Gesichter. Eine Frau hat Tränen in den Augen. Einerseits ist sie stolz, daß ihr Tier einen guten Preis eingebracht hat, andererseits tut ihr der Abschied von ihrer «Dorothea» weh.

«Ich werd' sie gut behandeln», verspricht der Käufer tröstend und blättert sechs Hunderternoten auf den rohen Brettertisch.

Milchschäfeler haben viel mehr gemeinsam mit Rassehunden – denn mit Viehzüchtern. Daran ist der Charakter dieser Schafe schuld, die zahm und anschmiegsam, sanft wie – eben – Lämmer sind. Mir wird's jetzt schon schwer ums Herz, wenn ich mir vorstelle, daß vielleicht nächstes Jahr meine Tiere hier versteigert werden.

«Otto» wird in den Ring geführt. Er ist sehr jung, knapp sechs Monate alt. Lotti ersteigert ihn schließlich und umarmt mich.

«Du hast mit deinen unterschriebenen Büchern auch einen Beitrag an diesen Kauf geleistet.» So fühle ich mich denn sozusagen als Ottos Patin und fahre ihm über den wolligen Rücken. Daß man Schafböcke nicht am Kopf kraulen darf, habe ich bei Odivios Mufti gelernt. Das ist nämlich eine Kampfansage, bei der man einen Schubs riskiert, der einen umlegt, ehe man sich's versieht. Otto scheint aber ein sehr ruhiges, friedliches Tier zu sein.

Wir setzen uns an einen der langen rohen Tische, die mitten in der Markthalle stehen, und stoßen auf Ottos Gesundheit an. Lustig geht es zu. Jeder spricht mit jedem, und die meisten Gespräche drehen sich um unsere Schafe.

Neben mir sitzt eine Frau in meinem Alter mit auffallend ruhigen Gebärden und klarem Blick. Sie ist bloß Passivmitglied der Milchschäfeler. Wie kommt denn das? Sie erzählt mir, daß sie Fürsorgerin ist und herausgefunden hat, daß sie bei den Milchschafhaltern oft besonders geeignete Pflegeplätze für Jugendliche findet, die zuhause aus irgend einem Grund nicht mehr sein können. Sie erzählt mit einige dieser erschütternden Schicksale, die sich – zum Teil wenigstens – wiederum zum Guten wenden ließen.

Ich denke wieder einmal, wie schön ich es doch habe, ja, bekomme beinahe ein schlechtes Gewissen deswegen und gebe der Fürsorgerin meine Adresse. Wenn sie einmal im Tessin ist, kommt sie zu mir, um abzuklären, ob Froda nicht ein Ort sei, wo ein solches Kind sich wieder zurechtfinden lernen könnte. Vielleicht – so sagt mir mein inneres Stimmchen – wäre dies für mich eine wunderbare Möglichkeit, in der Buchhaltungsabteilung des himmlischen Vaters mein Schuldenkonto wenigstens ein bißchen auszugleichen.

Lotti hat inzwischen eine Transportmöglichkeit für ihren Otto gefunden. Übernächste Woche wird er zu ihr in die steilen Hänge bei Bellinzona gebracht. Und ich muß nun für eine Reisemöglichkeit für Kitti und Kätti besorgt sein, damit dann auf Lottis Hof allgemeine Hochzeit gehalten werden kann.

«Was mach' ich bloß mit Pierino? Der wird sich schön langweilen ohne seine beiden Gespanninnen.»

«Kein Problem», sagt Lotti. «Ich hätt' so gern ein Eselchen von meiner Cora. Schick Pierino gleich auch auf die Hochzeitsreise. Sie sollen sie en gros machen. Otto bekommt Kitti und Kätti, Cora Pierino.»

Tönt wie ein Happy-End im Märchen.

Aber in den Märchen gibt es oft Hindernisse – und in der Wirklichkeit erst recht. Kaum war Otto im Tessin, da starb er. Ich war zufällig gerade in der

Nähe und konnte die schluchzende Lotti ein bißchen beruhigen. Todesursache: Bandwurm! Ausgerechnet das, wo Lotti mit ihren Tieren die kompliziertesten Kuren macht, um sie wurmfrei zu halten. Schafwurmologie ist ein äußerst vielseitiges Gebiet. Daß nicht damit zu scherzen ist, bestätigt uns Ottos Tod. – Und was uns nun zu schaffen macht: woher nehmen wir jetzt einen neuen Bock für unsere Tiere? Wir vertelefonieren ein halbes Vermögen. Schließlich erklärt sich Ottos früherer Besitzer bereit, uns einen Bock leihweise zu überlassen, sobald alle seine eigenen Tiere gedeckt sind. Wir warten.

Schließlich spediere ich meine «Herde» zu Lotti, weil ich auf meine Signierreise muß, obwohl der Schafbräutigam noch nicht da ist. Ich putze die beiden Bräute, wasche ihnen die Knie und Ohren, ich striegle Pierino, damit er ein würdiger Hochzeiter sei.

Wenn ich selbst auf eine noch so weite Reise muß, habe ich nie das geringste Reisefieber. Mit meinen drei aber von Froda bis Bellinzona zu fahren, das gibt Schmetterlinge im Bauch. Wie werden sie sich fühlen im kleinen Viehtransportwagen? Wird keines ein Bein brechen?

Sie steigen willig über die Rampe. Pierino läßt sich am Halfter festzurren.

«Binden wir die Schafe nicht an?»

Siro, der hier alle Tiertransporte besorgt, lacht. «Die werden bald merken, daß es besser geht, wenn sie sich niederlegen.»

Schließlich tun sie das wirklich – in ihren eigenen Kot und in Pierinos Äpfelchen. Alle drei sind vor Schreck halb lahm. Ich auch. Aber Siro fährt sehr vorsichtig, kurvt erst talabwärts, dann wieder talaufwärts. Als wir bei Lotti ankommen, sind meine Tiere so schmutzig wie noch nie – und ich bin schweißgebadet. Pierino steigt aus. Cora schießt auf ihn zu, beißt und schlägt ihn. Sie ist empört über den Esel-Eindringling. Kitti behagt dies nicht. Sie stellt sich zwischen die beiden, als ob sie Pierino schützen wollte. Wie mir Lotti später erzählt, tut sie dies während der ganzen nächsten fünf Wochen. So lange dauert es nämlich, bis die Dame Cora den Herrn Pierino zu akzeptieren geruht. Als Siro die Froda-Bande wiederum heimholt, gibt Lotti ihm ein Zettelchen mit: Kitti 1. April, Kätti 4. April. Cora??? Bei Schafen dauert die Trächtigkeit ziemlich genau fünf Monate, bei Eselinnen zwischen elf und dreizehn Monaten. Ich kann's kaum erwarten, bis der April da ist.

*

Vorerst aber denken wir nicht an Lämmchen, sondern an Heu. An unser schönes, duftendes

Bergheu, das Pierino uns nun nach Hause tragen soll. Der Heustock zwischen dem Schaf- und Hühnerstall hat sich während meiner Abwesenheit bedenklich geleert. Welche Beruhigung, zu wissen, daß in Cortino ein Vorrat liegt, der auch für vier Schafe und ein Eselchen längst genügen würde.

Immer wenn ich selbstzufrieden die Hände überm Bauch falte und im stillen meinen eigenen Fleiß lobe, dann geht etwas bedenklich schief. Hier, um genau zu sein, hier hängt es schief – das Heu nämlich.

Marinos Glocken verkünden die Mittagsstunde, als wir zum erstenmal losziehen. Wir haben diesen Zeitpunkt gewählt, weil die Sonne im Dezember von halb zwölf bis drei Uhr scheint. Pierino bekommt das rote Halfter über den Kopf gezogen und ein Lederband mit vielen lustig klingelnden Glöckchen um den Hals gehängt. In einer Tasche haben wir zwei von Gualtieros Heusäcken und sämtliche aufzutreibenden Stricke und Schnüre sowie Brot für die Tiere eingepackt, plus je einen Sandwich und einen Apfel für uns. Wir wollen den ersten Heutransport recht feierlich gestalten. Auch die Schafe sollen mit von der Partie sein. Pierino geht viel williger, wenn er Gesellschaft hat. Wir stellen noch eine Schüssel mit Brotteig zum Aufgehen auf den Ofen und ziehen los.

Wie ich den Weg nach Cortino liebe! Erst durchs

Haselwäldchen zum Fluß, dann dem Fluß entlang über eine große ebene Wiese; links liegt ein kleines Inselchen, das man bei niedrigem Wasserstand trockenen Fußes erreichen kann, rechts ein winziger Weiler von ein paar aneinander gekuschelten Häusern und Ställen, die nur im Sommer bewohnt sind. Jetzt ist es dort totenstill. Der Weg schlängelt sich durch Ginsterstauden, dann kraxeln wir durch das Bett eines Wildbaches, ziehen eine Zeitlang durch lichten Birkenwald. Unvermittelt öffnet sich dieser wieder und gibt den Blick auf ein weiteres Weilerchen frei. Es liegt eingebettet in große, flache, von niedrigen Mauern umsäumte Wiesen. Zwei recht stattliche Wohnhäuser fallen einem auf, mit granitenen Steinplatten gedeckt, einer Außentreppe zum ersten Stock, einem Balkon, über welchen man zwei Zimmer betreten kann. In einem solchen Raum liegt jetzt mein Heu. Es hat so viel drin, daß wir die Türe kaum öffnen können.

«Armer Pierino», sagt Susi, «bis du all dieses Heu nach Hause getragen hast.»

Pierino hat keine Ahnung, was da seiner harrt und kaut vergnüglich an einem Armvoll Heu, das wir ihm und den Schafen vorgelegt haben. Susi und ich füllen die beiden Säcke und geben uns Mühe, sie möglichst gleich schwer zu machen. Dann binden wir sie oben zusammen.

«So, komm Pierino, steh schön still.»

Pierino gehorcht wirklich, wir plazieren die Säcke und –

vorwärts marsch!

Ich gehe voraus, denn mir folgen die Schafe besser, dann kommt Pierino. Susi amtet als Eseltreiber. Vielleicht wäre das Wort Eselschubser treffender, denn in meinem Haushalt gibt es keinen Stock und keine Peitsche. Pierino ist so artig, daß er nie, nie ausschlägt. Ich glaube, das sollte ich ihm hoch anrechnen.

Wir ziehen friedlich über die Wiese. Plötzlicher Schrei Susis:

«Haaalt, Heu fällt runter.»

Trotz aller Sorgfalt ist offenbar ein Sack schwerer als der andere. Aufbinden, Heu vom schwereren in den leichteren Sack tun, Säcke wieder zusammenknoten, aufladen.

Vorwärts marsch!

Erneuter Hilfeschrei von hinten. Nun ist der andere Sack zu schwer beladen. Neue Korrektur. Nun schaffen wir es bis zum Birkenwäldchen. Dort streift unser braves Eselchen die Säcke einfach am nächststehenden Baum ab.

Nun binden wir Esel und Säcke mit Hilfe sämtlicher mitgebrachter Stricke zusammen. Es wird ein bißchen unförmig und schaut nicht sehr fachgerecht aus. Eher wie ein Riesenheupaket mit vornedran einem Eselkopf und untendran vier Beinen.

Pierino macht zwei, drei Schritte, dann bleibt er stehen. Susi schubst und schubst. Aber gegen eherne Denkmäler schubst man vergeblich.

«Was ist denn jetzt wieder los?» Susi wird ungeduldig.

Ich habe die Theorie, daß Esel nur bocken, wenn sie einen Grund dazu haben. Diesen Grund herauszufinden ist nicht immer einfach. Aber ich finde ihn. Die Stricke schneiden ihn am Bauch ein. Susi zieht ihren Pullover aus. Wir binden unser Paket auseinander, machen Pierino ein Bauchpölsterchen, verknoten das Ganze erneut.

Vorwärts marsch!

Nun scheint Pierino einverstanden zu sein. Wir schaffen es gute hundert Meter weit. Dann haben sich die Stricke gelockert, die Säcke rutschen erneut und Pierino steht im Seilgewirr und schaut uns an, als ob er sagen wollte, daß er wirklich nichts für das erneute Unglück könne.

Ich danke meinem Schicksal, daß ich unsern Heutransport ohne Publikum machen kann. Was wir hier bieten, ist eher eine perfekte Kabarettnummer, analog derjenigen unseres schweizerischen Nationalclowns, wenn er das Aufstellen eines Liegestuhls versucht.

Ob es wohl irgendwo einen Leitfaden für das richtige Beladen von Eseln gibt? Falls ich es je wirklich fertigbringe, müßte ich eigentlich diese Marktlücke schließen und einen entsprechenden Bestseller schreiben.

«Eine von uns sollte nach Griechenland oder Sardinien, um einen Anfängerkurs fürs Eselbeladen zu nehmen», brummt Susi.

Weder sie noch ich habe gezählt, wie oft wir Pierino neu beluden. Irgendwann stellen wir fest, daß Susis Pullover verlorengegangen ist. Auch das noch. Sie geht ihn suchen. Pierino schafft es noch ein Stück weit. Dann entwirre ich Säcke, Stricke und Esel, nehme den einen Sack auf den Buckel, den andern wird Susi heimschleppen. Die Tiere springen voraus, stehen bereits im Stall, als ich keuchend endlich auch anlange. Pierino schaut mich treuherzig an.

«Ich habe meine Sache so gut wie möglich gemacht, nicht wahr?»

Ich gebe ihm meinen Sandwich, den ich im Eifer zu essen vergaß.

«Bist ein Guter.»

Susi kommt mit Sack Nummer zwei und läßt sich ins Heu plumpsen.

«Uff. Wenigstens wissen wir jetzt, wie man einen Esel *nicht* beladen kann, immerhin etwas.»

Wir füllen die Krippen mit dem äußerst wertvollen Heu. Es ist bereits vier Uhr. Die Sonne ist längst untergegangen, Zeit, die Tiere zu versorgen. Bis wir endlich im Haus sind, ist es dunkel. Die

Katzen streichen uns empört miauend um die Beine. Aus dem Wohnzimmer strömt ein seltsam riechendes Räuchlein. Susi schaut nach, kommt mit brotteigverklebten Händen zurück. Unser auf den Ofen gestellter Brotteig ist längst aufgegangen, dann über die Schüssel gequollen, am Ofen festgeklebt und zum Teil verbrannt.

Merke: Nur geübte Eseltreiber dürfen sich gleichzeitig mit Brotbacken beschäftigen.

Damit nun nicht sämtliche aktiven und ehemaligen Trainsoldaten unseres Landes zur Feder greifen müssen, sei verraten, daß Pierino inzwischen einen fachgerechten Bastsattel bekommen hat. Und wer nun wiederum nicht weiß, was das ist: ein gut gepolstertes Gestell aus Holzlatten mit Haken und Ösen aller Art dran, woran man Lasten aufhängen kann. Hübsch sieht mein Eselchen so gesattelt aus.

Pierinos erste Fuhre mit dem Sattel bestand nicht aus Heu (da sind wir immer noch nicht unbedingte Profi), sondern aus den Weihnachtspäckchen, die der babbo natale – der Weihnachtsmann – den Kindern von Roviso brachte. Zweimal ging ich die Strecke von Froda nach Roviso und zurück zu Fuß. Einmal zum Üben. Da wußte ich, daß ich für die fünf Kilometer lange Strecke aufwärts mit drei Stunden und heimwärts mit einer guten halben Stunde rechnen mußte. Pierino läuft so ungern ohne Kitti und Kätti und sehnt sich so nach ihnen, daß er die ganze Strecke heimwärts freiwillig trabt. Mit seiner unfreiwillig ebenfalls trabenden Herrin nebendran.

Wieder einmal habe ich so den Leuten des oberen Acquaverdetals Grund zum Schmunzeln gegeben. In Rasco stehen sämtliche Wirtshausbesucher vor dem Ristorante und laden mich zu einem Gläschen zwecks Verschnaufpause ein. Auch Pierino wird aufgefordert, einzutreten, sträubt sich aber dagegen. Pierino hat Anstand. Esel gehören nicht ins Wirthaus.

Der Postbusfahrer hat Mitleid mit mir. Als er mich neben Pierino herrennen sieht, stoppt er und bietet mir an, auf dem Heimweg uns beide mitzunehmen. Das läßt nun wiederum meine Ehre nicht zu. Gäbe es eine Fastnachtszeitung im Acquaverdetal, gräßlich würde ich wegen Pierino durch den Kakao gezogen.

*

Wenn mich nun jemand fragt, ob er sich einen Esel halten soll: Es braucht ganz bestimmte Voraussetzungen. Wird eine davon nicht erfüllt, dann sind Esel und Herr unglücklich. Da ist einmal die Geduld und Zeit, die man für ihn aufwenden muß. Es braucht geradezu eine Engels-, nicht Eselsgeduld, nicht wütend zu werden, wenn man beim Weidegang geknufft und gepufft wird, so, daß blaue Flecken schließlich den ganzen Körper zieren. Ich brauchte meine Geduld auch, wenn Pierino mich mit konstanter Bosheit an meinen zu einem «Pferdeschwanz» zusammengebundenen Haaren riß, wann immer er sich von hinten an mich heranschleichen konnte. Schließlich schnitt ich meine Haare ab. Geradezu vor Zorn bebte ich, wenn er mich wie ein älterer geiler Herr in den Po zwickte und zwackte.

Ich fand heraus, daß es zwei Möglichkeiten gibt, ihm beizubringen, was er nicht darf: man kann ihm die Nüstern zuhalten, wenn er zubeißt und nicht loslassen will, oder man fährt ihm, als ob man das liebe, gute, verdammt nochmal hinterlistige Eselvieh ganz zärtlich streicheln wollte, sanft über die Ohren. Weh tut das ihm sicher nicht, aber er hat es nicht gern.

Weiter braucht ein Esel Gesellschaft. Falls man ihn nicht im Haus halten kann, was ich eigentlich liebend gern täte, muß man ihm Gefährten geben. Schafe sind hierzu ideal. Aber Achtung: ich hatte anfänglich alle drei einfach im selben Stall. Nach ein paar Tagen hatten Kitti und Kätti verschrammte Ohren. Ich erwischte Pierino dabei, wie er am Ohr seiner Gespielinnen lutschte. Da trennte ich sie mit einer Lattenwand. Nun ist der Friede hergestellt.

Dafür sind Esel ungemein genügsam. Ich bemerkte oft, daß Pierino Disteln dem saftigen Gras vorzog. Er frißt nun die Heureste, die Kitti und Kätti nicht mögen, schaut aber eifersüchtig darauf, daß wir ihm auch ein bißchen gutes Heu geben.

Esel haben einen untrüglichen Sinn dafür, auf welchen Wiesen sie *nicht* weiden sollten – und dort weiden sie dann am liebsten. (Es soll auf unsrer lieben Erde allerdings noch andere Lebewesen geben – besonders eines namens Mensch – das diese Eigenschaft hat.)

Ach, wenn ich an meine erste Zeit als Esel- und Schafhirtin denke, dann bricht mir der Schweiß aus. Sogar wenn ich bloß an der Schreibmaschine sitze. Pierino, Kitti und Kätti kamen anfangs Mai zu mir. An ihrem Entwicklungsstand gemessen waren alle drei sozusagen Teenager.

Ich hatte gelernt, wie ich Odivios Schafherde am Abend nach Hause locken konnte, brachte das doch schon ganz leidlich zuwege und bildete mir nicht wenig darauf ein. Aber wenn meine Tiere Teenager waren, so war ich als Hirtin bloß ein Erstklässler und mein erster großer Fehler hätte Kitti und Kätti beinahe das Leben gekostet!

Ich hatte Pierino schon ganz am Anfang seines Hierseins angewöhnt, Bona und mich ein Stück weit auf den Postgang zu begleiten. Anfangs band ich ihn beim Wegweiser am Fluß an, später ließ ich ihn frei laufen. Er wartete trompetend an der Hängebrücke auf unsere Rückkehr. Die schwankende Brücke zu betreten, schien ihm zu ungewiß. Der vom Schneewasser täglich höher werdende Fluß sah aber auch bedrohlich aus. Das Wasser brodelte um die vielen Steine, führte bereits kleinere Baumstämme mit sich. Aus dem zufriedenen grünen Rinnsal wurde ein immer reißenderer Strom.

Um Pierino die Wartezeit am Fluß vergnüglicher zu machen, beschloß ich eines Tages, auch Kitti und Kätti mitzunehmen. Munter sprangen sie mit Bona um die Wette durch den Haselwald. Als ich über die Brücke ging, klagten nun drei Stimmen hinter mir drein: das Iiiah Pierinos und zweistimmiges verzweifeltes Mööööh der Schafe. In der Mitte drehte ich mich um. Pierino und eines der Schafe standen am Wasser, dort wo wie ein Springbrunnen ein Strahl senkrecht aufschoß. Ich hatte noch nicht einmal realisiert, daß Kitti mir in den Fluß nachgesprungen war, als auch Kätti ihr folgte. Ich hörte das entsetzte Blöken der beiden. Es wurde leiser und leiser, verstummte schließlich. Ich sah zwei Tierkörper im brodelnden Wasser davonschießen. Pierino rannte unruhig am Ufer auf und ab und schrie offenbar in der Eselsprache ein Bittgebet an alle Heiligen, die Tiere beschützen, und auch an den lieben Gott höchstpersönlich. Ich stand mit zitternden Knien auf der Brücke und sagte laut:

«Bitte, bitte, nein, das darf einfach nicht sein. Lieber Gott, laß meine Schafe nicht wegen meiner Dummheit ertrinken.»

In jedem Schullesebuch steht doch die Geschichte von den Schafen, die ihrem Hirten blindlings folgen. Auch ins Verderben.

Der liebe Gott hatte ein Einsehen. Er allein weiß, ob Pierinos Fürbitte oder mein Stoßgebet ihn dazu bewogen. Weit weg, bei der untern Hängebrücke, rührte sich am andern Ufer etwas Weißes, das jämmerlich schrie und auf mich zurannte. Und hintendran kam ein zweites ins Wasser geschmissenes Wollknäuel auf vier Beinen, ebenso verzweifelt. Ich kniete nieder und umarmte meine beiden zitternden, triefenden Schäflein. Sie waren unverletzt. Ein Wunder. Alle Mühe und Not hatte ich, um sie über die Brücke wieder zu Pierino zu schubsen.

An jenem Tag habe ich meine Post nicht abgeholt, mir aber geschworen, in Zukunft eine gute Hirtin zu sein. Gleichzeitig gab ich dem lieben Gott mein ernstes Versprechen, für ihn, als Dank für die Rettung der beiden Schafe, einen guten Hirtendienst zu tun!

*

Dies ist mein dramatisches Hirtengeschichtlein, das ich irgendwo in mein neues Werk einbauen werde. Der Verlag hat meinem Tierbuch-Vorschlag zögernd zugestimmt. So habe ich denn meine Schreibstube wieder eingerichtet. Diesmal nicht im Hühner-, auch nicht vor dem Schafstall, auch nicht am Kamin wie auf dem Monte Valdo, sondern in meinem Schlafzimmer. Da steht aus meinen alten Zeiten eine währschafte Biedermeier-Schreibkommode aus Kirschbaumholz. Zwar ist die Schreibfläche zum Maschinenschreiben zu hoch. Ich lege deshalb auf die Sitzfläche des Stuhles zwei Telefonbücher, bedecke alles mit einem Schaffell und – los geht's.

Susi sitzt im Wohnzimmer und kämpft sich durch die Anfangstücken des Wollespinnens, begleitet von Mireille-Mathieu-Liedern. Damit ich in meiner Schreibklause nicht einfriere, pfupft ein Butangasöfchen hinter mir. Die wohlige Wärme, die mein spartanisches Schlafzimmer zum erstenmal erfüllt, genieße ich, so wie eine Katze die Sonne. Leute in euren zentralgeheizten Wohnungen und Büros, wie leid tut ihr mir, daß ihr diese Empfindung des Wärme-Luxus nicht mit mir teilen könnt!

Aber – Jedem Würmli sys Blatt!

Ich habe für mein neues Buch einen wunderhübschen Anfang – oder er scheint mir wenigstens so. Nochmal ein Hirtengeschichtlein, diesmal ein besinnliches:

Es war still. Eine Stille, durch viele Geräusche noch vertieft. Das Wasser des grünen Flusses brach sich murmelnd an den unzähligen grauen Steinen, der Wind raschelte in den braunwerdenden Blättern des Nußbaumes, an dessen Stamm angelehnt ich saß. Die Glocken meiner beiden Schafe bimmelten. Pierino, mein Esel, schnaubte irgendwo hinter mir, dann zupfte jemand am Faden des Strumpfes, den ich für Onkel Arthur als Weihnachtsgeschenk strickte. Das war die rote Fritzlikatze, die uns jeweils bis hierher begleitete, obwohl wir beinahe eine halbe Stunde flußaufwärts ziehen mußten. Fritzli kommt gerne mit, weil er weiß, daß es in den verlassenen Wohnhäusern, dem Dorfbackhäuschen, dessen Eisentür offen steht, und in den verschiedenen leeren Ställen von Cortino von Mäusen und Siebenschläfern nur so wimmelt. Fritzli stellte sich auf die Hinterbeine und rieb sein Köpfchen zärtlich an meiner Stirn. Wie gern mag ich diese Katzenküßchen, die ich aber immer nur bekomme, wenn Fritzli sich unbeobachtet glaubt. Seine Zärtlichkeit mir gegenüber geht andere Leute nichts an. Recht hat er!

«Waff, waff», Bona, meine schwarze Hündin mit den Schlappohren, die scheinbar schlafend in der warmen Herbstsonne gelegen hatte, sprang auf und bellte. Fritzli verschwand flink wie ein Eichhörnchen im Geäst des Nußbaums. Pierino trompetete.

Weit weg von uns am Waldrand tauchten zwei Gestalten auf. Zwei Frauen. Zwei ältere Frauen. Mit derben Wanderschuhen, Rucksäcken. Die eine kam wahrscheinlich aus Israel, denn sie trug den dort üblichen Baumwollhut mit der schrägen Krempe. Die beiden sprachen Hochdeutsch miteinander.

«Guten Tag», sagten sie zu mir.

«Guten Tag», antwortete ich.

«Wir sind doch hier auf dem rechten Weg nach Roviso, nicht wahr?»

«Wenn Sie immer dem Flußlauf folgen, können Sie gar nicht fehlgehen.»

Wie oft habe ich dieser Tage dieselbe Antwort schon gegeben. Aber dann folgte eine weitere Frage:

«Wie kommt es, daß eine Deutschschweizerin hier, so am Ende der Welt, strickend mit Hund und Katze auf einer Wiese sitzt und Schafe hütet?»

«Ach, das ist eine lange Geschichte.»

«Sind Sie hier in den Ferien?»

«Nein, ich wohne während des ganzen Jahres hier.»

«Aber Sie müssen doch von irgend etwas leben? Zwei Schafe und ein Eselchen genügen dazu wohl kaum.»

«Ich bin Innenarchitektin, übe meinen Beruf aber nur mehr selten aus. Dafür habe ich einen großen Garten, Hühner, Kaninchen, Truten, verkaufe Eier, Fleisch, Zuchtkaninchen, Gemüse, Beeren.»

«Und wie bringen Sie den Winter hinter sich?»

«Da spinne ich von Hand die Wolle meiner Schafe, verstricke sie – und außerdem schreibe ich.»

«Was schreiben Sie denn?»

«Bücher. Mein drittes wird in wenigen Tagen erscheinen.»

Da lachte die eine der beiden Frauen.

«Ach, wie nett, dann weiß ich, wer Sie sind: Kathrin Rüegg, nicht wahr? Oh, wenn Sie wüßten, wie ich Sie beneide! Sie können genau das machen, was Sie am liebsten tun, und dabei in dieser paradiesischen Gegend wohnen. Obschon ich mir vorstellen kann, daß es nicht immer ganz einfach ist.»

Dann erklärte sie der Dame mit dem israelischen Hütchen, wer ich bin. Wir plauderten lange, dann gingen die beiden weiter. Nach einer Weile kehrte die Dame aus Israel nochmals zurück.

«Ich muß Ihnen eine kleine Geschichte erzählen. Woher ich sie kenne, weiß ich nicht mehr. Möglicherweise ist's ein Andersen-Märchen. Aber es paßt so haargenau zu Ihnen.

Es war einmal ein Land, das von einem guten König regiert wurde. Da wurde der König krank, sehr krank. Alle Medizin, alle Heilkräuter wurden versucht. Nichts half ihm. Da kam ein altes weises Männchen und sagte:

‹Es gibt eine allereinzige Möglichkeit, den König wiederum gesund zu machen. Man muß ihm das Hemd eines glücklichen Mannes anziehen. Das wird helfen!›

Es wurden Reiter in alle Gegenden des Landes geschickt, zu Kaufleuten, zu Gelehrten, zu Handwerkern, zu Alten und zu Jungen. Jeden fragten sie:

‹Bist du glücklich?›

Keiner sagte ja. Es war zum Verzweifeln – und der König wurde immer schwächer und schwächer.

Noch mehr Reiter wurden ausgesandt. Aber nirgends fanden sie einen Mann, der glücklich war.

Da kam einer der Suchtrupps ans Ende eines schönen Tals. Eine flache Wiese war umsäumt von hohen Bergen, von denen ein rauschendes Wasser heruntertanzte, dessen Tropfen sich zu einem Regenbogen wölbten. Auf der Wiese weideten ein paar Schafe und ein Eselchen. Der Hirt saß an einen Baum angelehnt und blies auf einer Flöte. Zu seinen Füßen lag ein Hund.

‹Bist du glücklich?› fragten die Reiter ihn.

‹Ja, seht ihr denn das nicht?› fragte dieser. ‹Ich bin der glücklichste Mensch auf der ganzen weiten Welt.›

‹Gottlob›, riefen die Reiter. ‹Endlich haben wir einen glücklichen Mann gefunden. Wir brauchen dein Hemd. Wenn es der König anzieht, wird er wieder gesund. Dies ist das einzige Mittel, um ihn zu retten.›

Da brach der Hirt in Tränen aus.

‹Mein Leben gäbe ich her für den König. Wahrhaftig, mein Leben. Aber mein Hemd . . . das geht nicht.›

‹Wieso denn nicht?› wollten die erschrockenen Boten wissen. Der Hirt senkte den Kopf und sagte leise:

‹Ja, seht ihr es denn nicht?›

‹Was?›

‹Daß ich gar kein Hemd habe . . .›»

Die Frau mit dem Baumwollhütchen war schon lange gegangen. Ich saß immer noch nachdenklich unterm Baum, die Strickarbeit ruhte auf meinen Knien. Im Baum bewegte sich Fritzli. Ein paar dürre Blätter schwebten ins Herbstgras, Bona schaute mich mit ihrem warmen Hundeblick an. Ich nahm ein Stückchen hartes Brot aus meiner Jutetasche, stand auf, lockte Pierino und die Schafe, Fritzli sprang auf meine Schulter. Wir gingen in einem ordentlichen kleinen Alpaufzug über die Wiese, durchs Birkenwäldchen, durchquerten das steinige Bett des Wildbaches, wanderten durch Ginstersträucher und schließlich bergaufwärts durch den Haselwald zu Haus und Stall – oder genauer zu

Häuschen und Ställchen, wo wir allesamt wohnen. Wir – meine Tiere und ich.

Daß die Frau aus Israel mich mit dem glücklichen Mann verglich, als sie mich da unterm Baum sitzen sah, mich verwundert's nicht. Tiere können Menschen glücklich machen. Sie sind, wenn man auf ihre artbedingten Eigenschaften Rücksicht nimmt, wunderbare Kameraden. Und ist es nicht schön – beglückend – zu wissen, daß ich eine Fritzlikatze, mein Pierinoeselchen, all meine übrigen Tiere habe und daß diese Tierkameraden mich ganz gewiß nie hintergehen, mir nie geflissentlich etwas zuleide tun?

Nun höre ich förmlich die Proteste von Katzenhassern: «Katzen sind falsch.»

Die Proteste von Eselverächtern:

«Esel sind störrisch.»

Die Proteste derer, die Hunde nicht mögen:

«Hunde sind kriecherisch.»

Gut, sollen sie ihre Meinung behalten. Ich behalte aber auch meine gegenteilige und – laß' mich durch meine Tiere weiterhin glücklich machen.

Daß ich sogar ein Hemd hätte, das ich dem kranken König anbieten könnte – das macht alles noch viel schöner! Und hätte ich keins, ich würde mir eben aus Kittis und Kättis Wolle zuerst ein Knäuel Wolle spinnen und daraus nachher einen Pullover für den Herrn König stricken. Er würde ihn wahrscheinlich anziehen, um gesund zu werden, auch wenn er ein bißchen kratzte!

*

Würde mich einer fragen, welche Tiere ich am allerliebsten mag, dem würde ich spontan antworten: Katzen, Hunde und Esel – und hätte gegenüber Pierino und Bona schon ein schlechtes Gewissen, weil ich nicht sie an die erste Stelle setzte. Aber Katzen sind für mich die faszinierendsten Geschöpfe. Ich verstehe sie so gut, daß mir immer wieder die Idee hochkommt, ich sei in einem früheren Leben einmal eine Katze gewesen. Wahrscheinlich eine Katze, die meinem Bimbo Seidenglanz ähnlich war – mit herzlich-zärtlicher Zuneigung nur zu mir und verächtlich scheinender Scheue gegenüber allen andern Menschen dieser Welt.

Im Augenblick habe ich sechs Katzen: Onkel Fritzli Goldschatz, Tante Tintin Dreckspatz, Sissi Seidenglanz, Moses Seidenglanz, genannt Mösli, Peterli Schwarz und Fuffi Flum. (Fuffi sollte eigentlich Fuffi Flaum heißen. Flum ist der schweizerdeutsche Ausdruck dafür.) Unzählige Kätzchen habe ich verschenkt. Nur an gute – ausgewählte Plätzchen natürlich. Vier Katzen sind verschwunden. Meine Bimbokatze ist gestorben, weil sie eine vergiftete Maus erwischt hat. Ich habe den ganzen

Stammbaum aller im Kopf und weiß auf Anhieb, wie die sehr komplizierten Verwandtschaftsverhältnisse inklusive Stiefbrüderchen und Ururenkelchen liegen. Nun ist die Kette, die mit Susi Stäubli als Stamm-Mutter begann, unterbrochen. Ich habe Sissi, Susis Enkelin und Bimbos Tochter, und Peterli, Sissis Tochter, Bimbos Enkelin und Susis Urenkelin operieren lassen. Von Sissi habe ich noch ein Kind behalten, den Mösli – und von Peterli habe ich Fuffi –, ist doch ganz einfach, nicht wahr?

Fritzli und Tintin waren Bimbos Stiefkinder, die ich für Bimbo suchte, als sie tote Junge geboren hatte. Sechs Katzen, wovon vier blutsverwandt, da könnte man doch annehmen, sie hätten gewisse gemeinsame Eigenheiten. Es gibt aber nur eine einzige, wobei Fuffi schon wieder eine Ausnahme macht: Sissi, Peti und vor allem Mösli sind unwahrscheinlich scheu. Wenn eine fremde Person ins Haus kommt, braucht es Wochen, bis sie sich von ihr anfassen lassen. Auch mein Streicheln dulden sie bloß gnädig – außer wenn wir im Dunkeln sind. Dann kann ich sie in die Arme nehmen, sie kraulen und streicheln. Es scheint, als ob sie unsere Intimitäten eben lieber ohne Licht wüßten. Mösli ist als einziger so vornehm, daß er auch dann nicht schnurrt. Wenn ich aber meinen Finger auf seinen Kehlkopf lege, dann vibriert es dort drin. Möglicherweise ist Mösli eben ein stummer Schnurrer. Ein Grund mehr, ihn auch so gern zu haben.

Man mag vielleicht den Kopf schütteln über die teilweise seltsamen Namen meiner Katzen. Peterli Schwarz und Bimbo Seidenglanz waren vermeintliche Kater. (Ich glaube, *jetzt* nach sechs Jahren intensivem Zusammenleben mit Katzen bin ich so weit, daß ich auch bei einem Neugeborenen das Geschlecht mit hundertprozentiger [oder sagen wir mit neunzigprozentiger] Sicherheit bestimmen kann. Katerchen haben «dort» drei Tüpfchen, Kätzinnen zwei.)

Und Moses, wieso ausgerechnet Moses? Auch dieser Name hatte – wenigstens beim ersten Träger, seinen Grund. Ich wohnte in San Michele. In einem mit allem Luxus umgebauten Tessinerhaus. Ich hatte den Auftrag gehabt, diesen Ausbau nach meinen Ideen durchzuführen, mit der Auflage, daß alle Räume sehr gut isoliert sein müßten. Bestimmte Gründe führten dazu, daß ich dann eine Zeitlang dort auch wohnte. Ich hatte meine Bona bei mir – mit drei süßen, über ihre eigenen Beine kollernden Jungen. Susi hatte zwei Kinder, Bimbo ebenfalls zwei – und Bimbo schickte sich an, von neuem ein Wochenbett zu benötigen. Ihr Bäuchlein war so rund, daß da zahlreiche Nachkommenschaft zu erwarten war.

«Was machst du bloß mit all dem Katzensegen?»

Christina fragte mich das. Christina war früher Mitarbeiterin in meinem Geschäft und war gekommen, um mir die Vorhänge fürs Haus in San Michele anzufertigen.

«Für eines habe ich ein Plätzchen, den Rest wird man irgendwie töten müssen. Wenn ich bloß wüßte, wie. Ich habe versucht, Chloroform zu kaufen, aber das erhält man hier nicht mehr. Der Tierarzt ist abwesend – dort habe ich schon angerufen. Emilia in Froda, die ertränkt die Kleinen im Brunnen. Das hat sie mir einmal gesagt – und behauptet, das gehe sehr schnell. Aber ich kann das einfach nicht.»

«Laß mich es tun», sagte Christina. «Ich weiß, wie sehr du an deinen Katzen hängst. Für mich wird es einfacher sein.»

Bimbo brauchte jeweils meine Hebammendienste. Es dauerte mindestens eine Stunde, ein Junges zur Welt zu bringen. Sie hatte mich bei ihrem ersten Wurf genau unterwiesen, was ich zu tun hatte, um ihr das Gebären zu erleichtern. Ich mußte mit der einen Hand ihren Kopf stützen. In die andere Hand zwängte sie ihre Hinterbeine so, daß sie bei den Wehen besser pressen konnte. Zwischendurch wünschte sie sanfte Bauchmassage – und hie und da ein Schlückchen Milch. Die Geburt fand in einem über der Küche gelegenen Schlafzimmer statt. Als das erste Kätzchen endlich da war – ein schiefergraues Dinglein, das eher einem aus dem Nest gefallenen Spatz als einer Katze ähnelte –, kam Christina, nahm es weg und ging hinaus. Im Badezimmer hörte ich Wasser plätschern. Nach einer Weile vernahm ich auch ihre Schritte auf der Treppe. Eine Türe schloß sich irgendwo.

Bimbo brauchte meine volle Aufmerksamkeit. Beim zweiten Jungen schien es noch mühsamer zu sein. Gebärende Katzen schnurren aber, sobald die Wehen aussetzen. Ich streichelte sie, um sie zu trösten. Nachdem das zweite Kätzchen da war, ging ich in die Küche, um für Bimbo Milch zu holen. Christina hatte ein Zettelchen auf den Küchentisch gelegt:

«Komme gegen Abend wieder. Bin traurig wegen des ertränkten Kätzchens.»

Das zweitgeborene Kätzchen wimmerte offenbar so laut, daß ich es sogar hier unten in der Küche hörte. Da hatte ich nun alles vorgekehrt, um das Haus gut gegen Schall zu isolieren – und es war doch nicht gut geworden, denn ein wimmerndes Kätzchen sollte man nicht von einer Etage zur andern hören. Mein Beruf ließ mich nicht los, auch wenn ich delegierte Katzenhebamme war. Ich kehrte zu Bimbo zurück und litt mit ihr weiter, bis die restlichen vier Kleinen geboren waren. Sechs Stunden lang hatte das im ganzen gedauert.

Mein Magen machte sich bemerkbar. Ich hatte vergessen, irgend etwas zu essen, ging wiederum in die Küche. Das Katzengewimmer dort unten war erschreckend. Erneut zerbrach ich mir den Kopf über die schlechte Isolation. Ich aß eine Banane. Als ich die Schale wegwerfen wollte und die Türe des Schrankes öffnete, in dem sich der Kehrichtbehälter befand, waren meine Isolationsprobleme gelöst. Das Katzengewimmer kam dort heraus! Ich stülpte den Kübel um und suchte verzweifelt nach dem armen Katzentier, das hier seit Stunden um sein Leben schrie. Schließlich fand ich das graue Dinglein eng eingeknüpft in einen Plastiksack! Kaum geboren, vermeintlich ertränkt, naß, einen halben Tag lang unter Luftabschluß und sehr wahrscheinlich ununterbrochen schreiend – all das zu überleben, das bringt nur eine Katze zuwege. Ich eilte mit dem armen Schreihals zurück zu Bimbo, bat das gesamte Katzengeschlecht um Verzeihung und beschloß, daß keines der Kätzchen getötet werde. Das Mistkübelkätzchen aber, das mußte Moses heißen und bei mir bleiben. Es wurde ein wunderschöner, langhaariger Kater und war einer meiner ganz großen Lieblinge. Eines seiner sieben Leben hatte er bereits hergegeben. Das zweite hing an einem Faden, als er in den Kleiderhaufen in der offenen Waschmaschine sprang. Ich war beim Füllen der Maschine ans Telefon gerufen worden. Zum Glück wollte ich dann noch mehr Kleidungsstücke einfüllen und fand den selig schlafenden

Moses, der unterdessen zum Mösli geworden war, dort drin.

Wenn meine Kätzchen vier Monate alt waren, ließ ich sie gegen Katzenseuche impfen. Ich wußte damals nicht, daß es einen neuen Impfstoff gibt, mit dem man die Kleinen schon im Alter von neun Wochen behandeln kann. Als Mösli dreieinhalb Monate alt war, beobachtete ich, daß er sich fast von einer Stunde zur andern von einer gesunden Katze mit glänzendem, langhaarigem Fell in einen unansehnlichen, zerschlissenen Flaschenputzer verwandelte. Seine Augen waren trüb, sein Körperchen heiß, seine Zunge mit einem dunklen Belag bedeckt, der zudem übel roch. Ich ließ alles liegen und stehen und eilte zum Tierarzt. Der sagte nur ein Wort:

«Katzenseuche!»

Wenn ein fieberndes Lebewesen nichts mehr trinken kann – und das ist bei mit Seuche befallenen Katzen so – dann stirbt es innert Stunden. Mein Mösli aber, der *durfte* nicht sterben, koste es, was es wollte.

«Wir wollen es versuchen», versprach der Herr Doktor.

Neben Medikamenten bekam Mösli eine Infusion, also Flüssigkeitszufuhr, unter die Haut. Sechzehn Tage lang fuhr ich täglich nach Locarno, dann war er überm Berg. Um bald darauf ins

Schwimmbad zu fallen, wo er ohne meine Hilfe kaum lebend herausgekommen wäre. Daß er im Eisschrank ebenso wie im Kleiderschrank sich einsperren ließ, ist bei seiner gefährlichen Lebensart nicht verwunderlich. Ich gewöhnte mir an, weder Schränke noch Maschinen zu schließen, ohne mich vorher genau zu vergewissern, ob da drin kein Mösli saß.

Was ich immer wieder beobachte: Wo ein paar Katzen beisammen leben, gibt es solche, die miteinander besonders befreundet sind. Möslis großer Freund war Seppli Dick. Seppli war im Charakter und im Aussehen Möslis pures Gegenteil. Mösli war ein großer Schmuser, Seppli ein zwar nicht scheuer, aber doch sehr zurückhaltender Herr. Mösli war ein bildschönes Tier, Seppli eine irgendwie seltsam mißratene Katze mit weißem Fell, einem braunen Klecks auf der Nase, zwei getigerten Flecken auf dem Rücken und – das seltsamste – einem getigerten Schwanz. Es kam mir immer so vor, wie wenn er versehentlich den Schwanz einer andern Katze angeschraubt hätte.

Hätte man die Arten der beiden Katzenfreunde auf Menschen übertragen, dann wäre Mösli ein umgänglicher, höchst gewandter, gut erzogener, liebenswürdiger junger Mann gewesen, Seppli dagegen ein in sich gekehrter, wohl höchst korrekter, aber ernster Eigenbrötler. Er glich in seiner Art haargenau einem bestimmten Beamten der Eidgenössischen Warenumsatzsteuerverwaltung. Jener Beamte, mit randloser Brille, schütterem Blondhaar, korrekter Krawatte und gepflegten Händen hatte vor Jahren den Auftrag, die Buchhaltung meines Geschäftes zu kontrollieren. Er kam morgens um acht Uhr null null, arbeitete bis zwölf Uhr null null und von vierzehn Uhr null null bis genau achtzehn Uhr null null. Nach vier Tagen solcher vergleichender Untersuchungen von Kreditoren und Debitoren, Soll und Haben, kam er abends um siebzehn Uhr fünfzehn zum Schluß, daß ich im dritten Quartal neunzehnhundertdreiundsechzig Fr. 485.30 zu wenig und im ersten Quartal neunzehnhundertachtundsechzig Fr. 321.50 zu viel Steuern bezahlt hatte, was somit einen innert dreißig Tagen zu begleichenden Fehlbetrag von Fr. 153.80 ergab. Er verabschiedete sich freundlich von mir, nicht ohne mir noch ein Kompliment über mein ordentlich geführtes Geschäft zu machen.

Genau so ein Mensch wäre Seppli Dick gewesen – wäre er nicht als Katze geboren worden.

Ich habe ihn in seinem ganzen Leben nur ein allereinziges Mal außer Rand und Band gesehen. Bis zu jenem Moment hatte ich nicht gewußt, daß Katzen sich freuen, sich sozusagen vor Freude überschlagen können. Und ausgerechnet mein Seppli Dick mußte mir das zeigen. Es kam so:

Im Spätherbst pflegen die Bauern hier nach einer Kontrolle ihre Heuställe abzuschließen und so zu verriegeln, daß der Wind den Schnee nicht zu sehr hineinblasen kann. Da verschwand Seppli spurlos. Das verwunderte mich um so mehr, als Mösli und er meist miteinander auf Mäusefang ausgingen. Mösli kam abends pünktlich zur Freßzeit zurück – Seppli war weg. Es begann zu schneien – Seppli kam nicht zurück. Mösli gewöhnte sich daran, seine Spaziergänge und Raubzüge allein zu machen. Drei Wochen waren vergangen, als abends vor der Türe eine Katzenstimme Eintritt forderte. Da ich meine Katzen alle an der Stimme kenne, wußte ich es bereits: es war Seppli. Er kam herein, brandmager, über und über mit Zecken bedeckt. An seinen Ohren hingen sie in dichten Trauben. Ich stellte ihm Speise und Trank vor. Er konnte kaum fressen, denn ununterbrochen schoß er Purzelbäume, überrollte sich von einer Seite auf die andere, jauchzte in der Katzensprache und erzählte seinem Freund Mösli, was ich nachher von Ettore erfuhr:

Ettore hatte in einem Heustall eine Schneeschaufel vergessen und war deshalb nochmal hingegangen, um sie zu holen. Im Stall – hermetisch abgeschlossen – sei eine seltsame weiße Katze mit einem getigerten Schwanz gewesen, die wie eine Furie davonsprang.

Seppli hat es also geschafft, drei Wochen hungernd zu überleben. Den Durst stillte er vermutlich, indem er durch die Mauerritzen hereingeblasenen Schnee leckte, den er mit dem Pfötchen zu sich angelte. Von jener Zeit an hatte er nämlich die Gewohnheit, die Milch nicht aus dem Tellerchen zu schlecken, sondern sein Pfötchen hineinzutauchen und es abzulecken!

Vielleicht hätte ich die beiden heute immer noch, wenn ich nicht so leichtsinnig gewesen wäre, sie nicht kastrieren zu lassen. Als die hohe Zeit der Katzen kam, verließen mich beide oft tagelang. Sie gingen miteinander, waren vier, fünf Tage weg, kamen zusammen heim, um ihre Wunden pflegen zu lassen, um erneut auf Freiersfüßen zu wandern. Ich weiß genau, es war am dreiundzwanzigsten Februar neunzehnhundertfünfundsiebzig, als sie morgens einträchtig miteinander durch den Schnee gegen den Fluß hinunter zogen – und dann kamen sie nicht mehr heim, nie mehr. Ach, wie ich sie suchte, talauf und talab. Nirgends, nirgends fand ich auch nur die geringste Spur von ihnen. Vermutlich hat sie ein Fuchs erwischt. Wir haben viele Füchse hier. Ein Spürchen – ein winziges – entdeckte ich diesen Sommer: In Roviso spielte ein mausgraues, langhaariges kleines Katzentier mit einem bißchen ungesponnener Wolle. Moses hat seine sieben Katzenleben ausgelebt – aber seine

Rasse weitergegeben. Und nicht weit von ihm weg wird es wohl auch weiße Kätzchen geben mit getigerten Schwänzen, daß es scheint, als ob sie versehentlich den Schwanz einer andern Katze angeschraubt hätten . . .

*

Es ist Januar geworden – wir haben an Weihnachten, am Silvester, am Neujahrs- und Dreikönigstag unser Mittagessen im Garten in strahlender Sonne genossen. Schnee gab's seit dem November keinen mehr. – Dieses Jahr mache ich mir darüber auch keine Sorgen. Der letzte Winter war so hart, daß alle hiesigen Wetterpropheten wenig Schnee voraussagen. Susi wird ein paar Tage verreisen – zu einer Freundin in Graubünden, um dort Ski zu fahren.

Sie war kaum ein paar Stunden weg, da entdeckte ich die vier Bergfinken am Futterhäuschen. Letztes Jahr kamen sie – und zwei Tage später waren wir eingeschneit.

Es schneit auch jetzt – ganz sanft und leise. Soll es. Das tut der Erde gut. Olimpio hat seine Ziegenherde von der Alp geholt. Sie ziehen bimmelnd und meckernd am Haus vorbei. «Man kann nie wissen, was da kommt», sagt Olimpio.

Nun ist es Abend. Die Flocken wirbeln immer

dichter. Ich habe alle meine Tiere versorgt – eine Arbeit, die Freude gibt.

Erst Odivios Schafe:

«Buona notte, cari miei – gute Nacht, meine Lieben.»

Dann Pierino:

«Ciao socio – grüß dich, Genosse» – und ein Klaps auf seine Hinterbacke.

Dann Kitti und Kätti:

«Schlaft gut, meine beiden Schätzchen – ach, wenn ich euch doch mit ins Haus nehmen könnte!»

Kätti hustet.

Dann die Hühner, die in einer geregelten Einerkolonne über die Treppe raufpilgern – wie die Kirchgänger zum Gottesdienst.

Dann streichle ich den Köbeli – mein Kaninchenböckchen – und sage ihm einen schönen Gruß von Susi – sie hat vorhin angerufen. Ich lasse den zwar häßlichen, aber praktischen Plastikvorhang vor die Käfige runter. Endlich schließe ich auch die Türe des Ställchens, in dem Mathilde und die Truten wohnen.

Mathilde sagt «gäkgäk», das heißt jetzt «Gute Nacht» in der Gänsesprache. Seppli brabbelt «gluglu» – das ist dasselbe auf Trutisch.

«Wie gern brächte ich euch noch eine Bettflasche, aber ich weiß, ihr braucht das nicht. Schlaft gut.»

Wie eine Mutter, die alle ihre Kleinen zu Bett gebracht und mit ihnen ein Nachtgebet gesprochen hat, sie noch mal zudeckte und ihnen über die Wangen strich – genauso fühle ich mich –, und dann denke ich, daß es wahrscheinlich viele Kinder gibt, die weniger liebevoll betreut schlafen gehen müssen.

Ich füttere die mir um die Beine streichenden Katzen. Fritzli hüpft auf meinen Schoß, schnurrt wie ein Motörchen und stampft einen drolligen Rhythmus mit den Vorderpfoten. Das ist eine unserer Geheim-Gewohnheiten. Fritzli erzählt nun mir *sein* Gutenachtgeschichtlein. Immer dasselbe in immer neuen Varianten: daß er mich fuuurchtbar gern hat, schnurr-schnurr, stampf-stampf, mau.

Bona knatscht an einem Knochen, legt ihn mir dann vor die Füße und steigt würdevoll auf den Diwan. Ich und sie wissen, das ist nicht ganz comme-il-faut, aber sie maaag das so und wälzt sich vor Freud und Wonne auf dem Rücken, alle viere von sich gestreckt.

Nun kommen auch noch Fuffi und Tintin zu mir. Ich sitze ohne Licht da und schaue in den Schnee hinaus, der immer dichter und dichter vom nachtschwarzen Himmel fällt.

Am andern Morgen ist er so hoch wie letztes Jahr am schlimmsten Tag. Ich versinke bis zur Brust in der weichsten aller Daunendecken, komme keinen Schritt vorwärts, wenn ich mir nicht zuerst den Weg ausschaufle. Immer noch wirbelt es vom Himmel. Anfänglich genügen vier Schaufelwürfe, um meinen Pfad wiederum ein Stückchen vorzutreiben; bis ich mich bis zu den Schafen durchgekämpft habe – es ist unterdessen Mittag geworden – braucht es sechs. Im Schlüchtlein zwischen Haus und Stall, wo der Wind auch noch Schnee verfrachtet hat, ist mein geschaufelter Weg so tief, daß ich über die Wände nicht mehr hinaussehe. Zu dumm, daß Susi ausgerechnet jetzt nicht da ist – und schade auch noch. Das wär doch ein besonderes Erlebnis für sie gewesen. So schlimm wie letztes Jahr ist der Schnee aber doch nicht. Wir haben noch Strom und Telefon. Solange diese bleiben, ist alles erträglicher.

Susi kann nicht heimkommen, denn die Talstraße ist geschlossen. Lawinen da, Lawinen dort – aber nirgends ist jemand zu Schaden gekommen. Ein Helikopter surrt gegen Roviso. Wahrscheinlich war dort einer nicht so wetterfühlig wie Olimpio und muß nun seine Schafe oder Ziegen in den Winterstall fliegen lassen. Ob gewisse Bauern mit dem Leben ihrer Tiere nicht leichtsinniger umgehen, seitdem sie wissen, daß immer noch die Rettungsmöglichkeit mit dem Helikopter vorhanden ist?

Nun scheint eine strahlende Sonne ins tiefverschneite Tal. Ich schaufle Schnee von der Morgendämmerung bis zum Einbruch der Dunkelheit, mit kurzen Unterbrechungen, die ich für die Fütterung der Tiere und meiner selbst benötigte. Mein Tierbuch-Manuskript ruht zusammen mit der Schreibmaschine in der Nische der Biedermeier-Schreibkommode.

«Es ist viel Winter in diesem Buch», stellt eine Kritikerin meines dritten Buches fest. Im vierten Buch hätte es noch viel, viel mehr Schnee – gäbe es eine Fortsetzung. Aber ich habe ja keinen Stoff für eine solche. Außer dem Umstand, daß ich diesmal nicht ganz allein bin, ist alles wie letztes Jahr.

Die Straße wird geräumt, die Post erreicht uns wieder, Stöße von Briefen trage ich heim. Auch einer von Onkel Arthur ist dabei. Er schickt mir eine verspätete Weihnachtskarte mit drei Eseln drauf, «damit Du noch ein paar Esel mehr hast. Grüße an die beiden Darling-Schafe und Pierino. An Silvester habe ich ein Glas Champagner auf sein Wohl getrunken.»

Diese Worte erinnern mich an Onkel Arthurs letztjährigen Ferienaufenthalt, und ich schmunzle still vergnügt vor mich hin, setze mich an die Schreibmaschine, um die Onkel-Esel-Geschichte zu erzählen:

*

Mein Onkelchen kam wieder, hurra! Onkel Arthur rief mich erst an, als er bereits in der Schweiz war. Er würde übermorgen zu mir fahren, ob ich ihn abholen könne. Ich freute mich riesig auf ihn. Er ist ein knorriges, eigenwilliges, sehr eigensinniges Männlein, auch mit seinen zweiundachtzig Jahren auf sein gepflegtes Aussehen äußerst bedacht. Daß er in England lebt, sieht man ihm auf Distanz an. Er ist in den vielen Jahren nicht nur in seiner Kleidung britisch geworden. Daß er kein Wort Deutsch mehr versteht, verwundert einen gar nicht. Er muß mit einer winzigen Rente auskommen und wird von einer Wohlfahrtsorganisation für Auslandschweizer unterstützt. Von dort her hatte er auch die elegante Kleidung bekommen, die er bei seiner jetzigen Ankunft trug. Im ersten Moment realisierte ich gar nicht, daß er es war, der da am Bahnsteig auf mich zukam: hellbeige Hose, beige-hellblau-hellgrau kariertes Jackett, blütenweißes Hemd, knall-lilafarbener Schlips und ein ebensolches Tüchlein in der Brusttasche. Dazu ein hellgraues Baslerhütchen. Die verschmitzten blauen Augen schauten mich so liebevoll wie eh und je an. Aber ein bißchen magerer war er geworden – sonst ganz der Alte. Ja, und einen Spazierstock hatte er mit einem goldenen Knauf.

«18 Karat Gold», sagte er, kaum hatte er mich begrüßt.

«Onkelchen, stell dir vor, jetzt *hab* ich einen Esel.»

«Wieso hast du ihn nicht mitgenommen zu meinem Empfang? Du hast mir das doch versprochen.»

«Hm, nun ja, weißt du, abgesehen davon, daß es zu Fuß doch ein bißchen weit wäre. Pierino ist eben noch sehr jung, noch nicht so sehr erzogen und . . .»

«. . . ja, und wahrscheinlich eben ein störrischer Esel», ergänzte Onkel Arthur lachend. «Werden mal sehen, was da auf uns zukommt.»

Natürlich mußten wir gleich nach Onkel Arthurs Ankunft Pierino besuchen. Er war mit den beiden Schafen auf einer baumbestandenen Weide in der Nähe des Hauses. Onkel Arthur – immer noch in seiner wunderschönen Kleidung – stand mit talwärts gerichtetem Blick da, schaute um sich, sagte:

«It's lovely here, and where are the animals?» als Pierino sich hinterrücks an ihn heranschlich, seinen Jackettsaum packte und ein Loch hineinriß!

«Du verdammtes Vieh!» rief Onkel Arthur entsetzt. «Oh nein, aber nicht so was, wo ich doch keine anderen Kleider bei mir habe.»

Ich entschuldigte mich hundertmal, schalt Pierino, der mich mit seinen schönen Augen unschuldsvoll anblickte.

«I insist that you punish this terrible beast – Ich verlange, daß du dies schreckliche Biest strafst», brüllte Onkel Arthur empört. So bezog Pierino die ersten Prügel seines gut einjährigen Esellebens. Ich erteilte sie ihm, ich, die geschworen hatte, daß mein Eselchen nie Schläge bekäme. Allen Tierfreunden, die jetzt entsetzt sind, muß ich aber gleich tröstend verraten, daß Pierino die Schläge mittels einer zusammengefalteten Zeitung erhielt.

«Ein Stock wäre viel wirkungsvoller gewesen», brummte Onkel Arthur mit zornig rollenden Augen.

Anderntags zogen wir alle miteinander auf die Weide. Onkel Arthur hatte dringend gewünscht, mitzukommen, obwohl der Himmel bewölkt war.

«Ich nehm' eben meinen Schirm mit.»

Wir begegneten Lydia, die beim Fluß ihre beiden Kühe hütete. Lydia konnte sich ein breites Grinsen nicht verkneifen, als sie Onkel Arthur sah.

So schick ist im Acquaverdetal weiß Gott noch keiner auf die Weide gegangen. Onkel Arthur war angetan mit seinem gesamten eleganten Staat von gestern, nachdem er den Abend damit verbracht hatte, fluchend das Loch in seinem Kittel zu stopfen – pardon zu kunststopfen. Nun prangte er also wieder in voller Schönheit mitsamt dem lila Schlips. Er stützte sich auf seinen schwarzen Regenschirm. In der andern Hand hatte er eine Plastiktüte, mit der er sehr sehr geheimnisvoll tat. Ich hatte alle erdenkliche Mühe, Pierino davon abzuhalten, ihn an dieser Tüte zu zupfen, denn Eselchens allerliebste Beschäftigung ist es, irgend etwas ins Maul zu nehmen, tüchtig herumzuschlenkern und dann hoch im Bogen fortzuwerfen. Eingedenk seiner gestrigen Erfahrung mit Pierino hielt Onkel Arthur aber einen größeren Sicherheitsabstand.

In Cortino steht vor dem ersten Haus ein großer Steintisch. Darauf stellte Onkel Arthur feierlich den Inhalt seiner geheimnisvollen Tüte: eine Flasche Champagner – dutyfree, bitte – und zwei Plastikbecherchen.

Gott sei Dank hörte Lydia den Korkenknall nicht. Denn Champagner hat gewiß noch keiner getrunken, der im Acquaverdetal Esel und Schafe auf die Weide geführt hat! – Und Pierino ist ebenso gewiß der erste Esel, der hier zur Versöhnung mit einem lieben englischen Onkelchen einen Becher dieses edlen Getränks auf den Tisch geleert bekam. Pierino leckte den Champagner bis zum allerletzten Tröpfchen auf. Seltsam – nachher ließ er Onkel Arthur in Ruhe. Ob daran der Champagner schuld war oder meine Zeitungsprügel, das weiß nur Pierino selbst, und – störrisch wie ein Esel ist – er will es mir nicht verraten.

*

Nun ist Susi wiederum da, staunt über die Schneemengen, schmunzelt aber, wenn ich ihr mit ganz hoch erhobener Hand zeige, daß der Schnee vor drei Tagen noch sooo hoch war. Glaubt sie wohl, daß ich übertreibe? Die Fotos, die ich unterdessen zum Entwickeln eingesandt habe, werden ihr das Gegenteil beweisen.

Wir führen unser tägliches Leben weiter, nehmen aufeinander Rücksicht, denn das Haus *ist* klein für zwei.

Abends bekomme ich den Telefonanruf der Fürsorgerin vom Milchschafmarkt. Sie hat ein – wie man so schön sagt – milieugeschädigtes fünfzehnjähriges Mädchen, das dringend in eine andere Umgebung muß. Aus der Lektüre meiner Bücher hat sie geschlossen, bei mir wäre Susi bestens aufgehoben. Nochmal ein Susi, das zu mir möchte. Ich sehe Susi-Konfusionen auf mich zukommen, denke aber an die gute Hirtentat, die ich der Himmlischen Buchhaltung noch schuldig bin. Von mir aus soll Susi II kommen, aber nur wenn Susi I einverstanden ist. Denn dann wird's noch enger bei uns. Die beiden müßten das winzige Kämmerchen im Dachstock teilen. Kleiderschrank hat es nicht. Das bedingt also Disziplin. Will Susi I das?

«Ja», sagt es, «ich glaube, wir müssen das tun. Und wenn's für zwei Platz hat, haben auch drei Platz.»

Die Ankunft von Susi II muß aber verschoben werden, denn wir werden wiederum eingeschneit. Schon das zweite Mal und noch viel, viel schlimmer.

Es ist schon dunkel, als ich mich entschließe, nochmals das Dach des Kaninchenstalls vom Schnee zu räumen, sonst wird das geschehen, wovor ich jedesmal zittere, wenn es stark schneit: daß es einstürzt. Ich habe meine eigene Technik, denn man darf nicht auf einer Seite alles wegschaufeln, sonst wird die Belastung zu einseitig. Ich mache mehr so eine Art Kreuzstich – und am Rand schiebe ich den Schnee mittels des langen Heurechens weg.

«Teeeleeefooon», ruft Susi.

«Kann jetzt nicht kommen, sag, ich sei auf dem Kaninchendach.»

«Hab's schon gesagt, aber da ist einer, der spinnt, sagt, er sei in Laverzona mit dem Postauto steckengeblieben und ob es bei uns ein Bett und eine Decke für ihn gebe. Ich komme nicht draus.»

«Wie heißt er denn?»

«So etwas wie Amin – aber ohne Idi.»

Amin? Das mußte Armin sein!

«Frag nach seiner Telefonnummer. Ich rufe sofort zurück.»

Damit es schneller geht, springe ich vom Dach in den Schnee – versinke bis zum Hals. Das ist ekelhaft. Zum Glück kann ich die Schaufel zu mir her angeln und mich am quergelegten Stiel hochziehen.

Der Weg zum Haus ist schon wieder knietief mit Schnee bedeckt. Die Flocken fallen und fallen und fallen. Man würde es nicht für möglich halten, daß sich in den Wolken so viel Schnee ansammeln kann.

Ich bürste mich ab, ziehe die Stiefel aus, schütte aus ihnen, was sich da drin an Schnee angesammelt hat, denn nachher muß ich nochmals raus, um mein Dach fertig zu räumen. Aber erst kommt Armin dran. Der Amin ohne Idi, der spinnt.

Er ist der Sohn meiner Busen-Schulfreundin. Ich bin eigentlich seine Patin – aber wir sind so eine Art Durch-Dick-und-Dünn-Kumpel. Armin ist Werkstudent – Volkswirtschaft –, jetzt dreiundzwanzig Jahre alt, hat haargenau die Frisur, die seine Mutter trug, als wir miteinander zur Schule gingen: die dunklen Haare mittellang geschnitten mit Fransen. Nur daß Armins Gesicht sehr männlich ist, seine über der Nasenwurzel zusammengewachsenen Augenbrauen auf Willenskraft oder auch Starrsinn schließen lassen.

Eher Starrsinn, denn was Armin vorhat, ist verrückt. Er hat sich spontan entschlossen, seine Prüfungsvorbereitungen bei mir «in deiner Einsamkeit» zu machen, ist per Autostopp ins Tessin gekommen, in den Postbus nach dem Acquaverdetal umgestiegen. Bei Laverzona sind einige Lawinen niedergegangen. Armin möchte deshalb nun den Rest des Weges zu Fuß machen.

«Wo bist du denn jetzt genau?»

«Im Ristorante della Posta.»

«Sind dort noch andere, die steckengeblieben sind?»

«Ja, einer ist Deutschschweizer und heißt Max, und dann ist da noch einer aus Briana.»

Mir plumpst ein Stein vom Herzen. Max kenne ich. Er wohnt mit seiner Frau in Rasco, hoch oben am Berg. Wenn Armin bei ihm bleibt, muß ich mich nicht um ihn sorgen.

«Und, was sagt Max?»

«Der sagt, ich sei wahnsinnig – und er bleibe ganz sicher da, wo er jetzt ist.»

Max mischt sich ein.

«Dem Bübchen da, dem Armin, dem sollte man den Hintern versohlen, wenn er vorhat, zu Fuß zu dir zu kommen. Es schneit fürchterlich. Und weißt du, was er für Schuhe anhat? Turnschuhe!!»

«Max, bitte, verhau ihn, aber laß ihn nicht losziehen. Ich käme um vor Angst – und er hat ja keine Ahnung, wie weit das ist.»

Ich höre erregte Stimmen. Gott sei Dank weiß seine Mutter nicht, was ihr Söhnchen da im Schilde führt.

«Kathrin, bist du noch da?»

«Natürlich, du Idiot, und jetzt befehle ich dir in meiner Eigenschaft als deine Patin, zu bleiben wo du bist und basta.»

Die Wirtsfrau, die ich nicht kenne, mischt sich ein.

«Wir versuchen mit allen Mitteln, ihn zurückzuhalten. Der Junge läuft ins Verderben.»

«Ja, bitte, tun Sie, was sie können.»

Max kommt wieder.

«Es hat alles nichts genützt – er ist weg – hat das Geld für seine Getränke auf den Tisch gelegt, seinen Sack genommen und ist gegangen. Die Gitarre hat er hiergelassen.»

Nun bleibt nichts übrig, als zu hoffen, Armin habe einen Schutzengel.

Ich räume mein Kaninchendach endgültig frei. Innert drei Stunden hat es einen guten halben Meter neuen Schnee gegeben. Jener Schnee, der so leicht wie Flaum ist und dementsprechend schnell über die Hänge rutscht, über die nachtdunkle Straße, wo Armin jetzt irgendwo in der Schneewüste dahinstapft – in Turnschuhen. Der hirnverrückte Kerl.

Susi und mir ist es weder ums Essen noch ums Schlafengehen. Wir sitzen und schauen hinaus ins Schneegestöber. Die untere Hälfte des Wohnzimmerfensters ist schneebedeckt.

Irgendwann nach endlosen zwei Stunden läutet das Telefon.

«Ich bin wiederum in Laverzona. Es geht wirklich nicht. Morgen versuchen wir alle drei, weiterzukommen.»

Ich bin so froh, Armins Stimme zu hören, daß ich das Schelten vergesse.

Ich denke an Hedwig, die Frau von Max. Ob sie wohl ihre Ziegen hat füttern können? Dort oben müssen es nun mehr als zwei Meter Schnee sein. Der Stall ist etwa zehn Minuten unterhalb des Hauses. Ich sorge mich auch um sie.

In jener Nacht hat sich wohl im ganzen Tal jemand um jemanden gesorgt. Ich mich um Hedwig, Rina, Teresina. Silvia, Carmelina, Anna um mich.

Die Sorgen, die der Schnee verursacht, schlingen ein Band um uns alle. Wir sitzen in unseren Stuben und lassen uns zudecken von immer noch mehr Schnee, nochmehr Schnee, nochmehrschnee, Schnee – und wenn nächsten Sommer einer durch unser grünes Tal fährt, dann wenn es im Grün zu ertrinken droht, dann glaubt er einfach nicht, daß es auch im Schnee beinahe ertrunken ist – vielleicht geht es dann auch mir so, aber ich habe meine Dokumentarfotos.

Um Mitternacht schneit es immer noch, auch um zwei Uhr morgens, um drei Uhr hört es auf, um sieben Uhr dämmert ein Tag, so unwahrscheinlich und unbeschreiblich schön, daß ich beinahe Augenwasser bekomme. Die ersten Sonnenstrahlen küssen die Bergspitzen, der Himmel wird jede Minute blauer. Die Kirche, die Häuser, die Bäume kauern unterm Schnee. Wir schaufeln den Weg in den Stall, auch den Weg zu Emilias Schafen und Zicklein. Wenn man sich am Telefon um den Hals fallen könnte, hätte Emilia das getan, als ich sie anrief, um zu sagen, ihre Tiere seien gefüttert.

Armin und Max sind seit halb neun Uhr auf dem Weg. Von Laverzona bis Froda sind es etwa zehn, zwölf Kilometer. Wie lange dauert ihr Marsch?

Am Nachmittag beginnen wir den Fußweg zum Fluß freizumachen. Olimpio hat unten angefangen, wir beide arbeiten oben. Als wir uns nach dreistündigem Arbeiten in der Mitte treffen, schütteln wir uns alle lachend die Hände, wie die Arbeiter einst beim Gottharddurchstich.

«Der Wegweiser bei der Brücke ist verschwunden», sagt Olimpio.

Er trinkt dankbar ein Boccalino Wein, schaufelt weiter, den Weg bergauf, nochmal ein langes, langes Stück, bis er bei seinem Ziegenstall ist.

Armin ruft uns abends um halb sieben Uhr an. Er ist in Briana. Zehn Stunden sind sie über die Lawinenkegel gekraxelt. Max will in Briana bleiben, Armin versucht, den Rest zu uns im Alleingang hinter sich zu bringen, wird uns von unterwegs nochmal telefonieren. In früheren Zeiten hätte man sich hingesetzt, hätte gewartet und den Rosenkranz gebetet. Sein Marsch durch Nacht und Schnee gelingt diesmal. Wir betreuen den Lauskerl, der uns so viel Ängste ausstehen ließ, wie einen ermatteten Krieger – er hat das nicht mal so ungern. Und während der folgenden Zeit sind wir froh um Armin. Wie viele Stunden lang er Schnee schaufelte, hat niemand gezählt.

Eines ärgert uns gewaltig: Da stecken wir im tiefsten Schnee, zappeln uns mit aller Mühe durch die weiße Decke, und die Nachrichtenagenturen der deutschen Schweiz ignorieren uns. Weder im Radio noch im Fernsehen – nicht ein Ton davon, wie sehr wir im Tessin eingeschneit sind, nicht ein einziges Wörtchen. Aber in vielen Deutschschweizer Köpfen herrscht die Ansicht, daß es im Tessin nicht oder kaum schneit, daß wir samt und sonders uns auch im Winter unter Palmen am blauen See sonnen – mit Schnee im Hintergrund auf den Bergspitzen. Sehr malerisch.

Vier Tage lang schalten wir sowohl Radio als auch Fernsehen zur Nachrichtenzeit ein. Nichts. Dann sollen die uns eben in Gottes Namen vergessen. Heute abend beachten wir die beiden Kisten schon gar nicht mehr. Wir schonen lieber unsere Nerven.

So kommt es, daß wir den Bericht nicht sehen über das verschneite und lawinenverschüttete Acquaverdetal. Wir wissen aber davon, weil gleich darauf unser Telefon heißzulaufen beginnt:

«Wir haben's in den Fernsehnachrichten gesehen, elf Meter tief soll der Schnee der Lawinen über der Talstraße sein.»

Der nächste behauptet sieben Meter. Rührend ist, wie viele meiner Freunde mich fragen, ob sie «etwas für uns tun» könnten. Wo wir doch total von der Umwelt abgeschnitten sind. Einige sind irgendwie enttäuscht, wenn ich sie beruhige, sage, daß wir genug zu essen haben und auch genug Futter für die Tiere.

Auch Odivio telefoniert, um zu fragen, wie es bei uns steht, wie es seinen Schafen geht.

«Dein Heuvorrat reicht noch für gute zwei Monate – Kleie habe ich selbst so viel, daß wir davon auch deinen Schafen geben können.»

«Aber ich weiß, daß il mio caro fratello Pierino – mein lieber Bruder Pierino – gewiß nicht mehr viel Heu hat. Nimm vier Ballen von meinem und sag Pierino einen schönen Gruß.»

Und dann telefoniert auch noch Teresina, daß morgen, falls es das Wetter erlaubt, ein Armeehelikopter kommt und uns Verpflegung bringt. Ob wir Brot brauchen? – nein, das backen wir selbst – Fleisch? – nein, es hat noch drei Hühner, Kaninchen- und Schaffleisch, Gemüse und Obst im Tiefkühlschrank. Auch Hunde- und Katzenfutter hat's genug. Salat aber, das wäre schön – und ein paar Liter Milch.

«Und zwei Päckchen Zigaretten, bitte», ruft Armin.

«Und eine Stange Zigaretten», sage ich.

«Ist das alles?»

Ich lasse im stillen wieder einmal die Selbstversorgung hochleben und versuche mir auszumalen, wie schlimm es sein müßte, nicht mehr genug Lebensmittel – oder beinahe noch schlimmer – nicht mehr genug Heu zu haben. Wer so lebt wie ich, muß den Erntesegen horten wie ein Eichhörnchen, darf nichts verschwenden, nichts vergessen, hat aber so viel zu denken, zu handeln, daß auch monatelanges schlechtes Wetter keine Ursache ist, Trübsal zu blasen.

Auch Freunde aus Locarno – aus Bellinzona rufen an. Furchtbar sei dieser Winter, einfach grauenhaft und unvorstellbar.

«Stell dir vor, vier Äste des schönen lila Rhododendron beim Eingang sind geknickt, die Mimose sogar einfach mitten entzweigebrochen.»

Ich habe meine Blumen gewiß auch gern – aber offengestanden überhaupt nicht mehr an sie gedacht. Die Kamelie hat Luzi im Herbst wiederum eingepackt. Was von den Azaleen noch übrigblieb – das werde ich in frühestens zwei Monaten sehen. Meinem Rhododendron kann der Schnee nichts anhaben, denn es ist ein Zwergrhododendron, der – wenigstens hier – kaum zwanzig Zentimeter hoch wird und eines der liebenswertesten Sträuchlein in Floras Reigen ist.

Der anderthalb Meter hohe Hamamelisstrauch

sollte jetzt blühen. Blüht er wohl unter dem Schnee – oder sind seine Äste geknickt? Und die Forsythie? Und die vielen verschiedenen Clematisarten? Denjenigen, die aus dem Himalaya kommen, sollte der Schnee eigentlich nichts anhaben. Ich sehne mich nach dem Geruch der Erde nach einem Regen – und um meine Sehnsucht zu stillen, krame ich meine Garten- und Blumenbücher hervor. Ich habe eine ganz kleine Extra-Bibliothek davon. Ich plane die Aufteilung meines großen Gemüsegartens, brüte über Samenkatalogen, während draußen vor dem Fenster die Schneedecke wächst und wächst. Das obere Drittel der Scheibe im Wohnzimmer ist noch frei. Wir sehen die Lichter von Froda nicht mehr. Wir sind im Schnee, wir bekommen noch mehr Schnee, es schneit, wir schaufeln Schnee, wir purzeln im Schnee, wir machen Schneeballschlachten, Schnee rutscht vom Dach und zertrümmert die Pergola, wir schaufeln Schnee, wir verschneemännern, aber – wir lassen uns nicht unterkriegen. Punkt.

Die Ankunft des Helikopters ist für das ganze Dorf eine Sensation. Wer irgendwie auf den Beinen ist, kämpft sich zur Straße, um sich das anzusehen. Ich war seit vier Tagen nicht mehr unten. Meinen Fußweg haben wir wieder ausgeschaufelt. Die neue, unfertige Betonbrücke, die ich hasse, weil sie ein ungewohnter Fremdkörper ist, liegt wie ein

Riesenlineal mit anderthalb Meter hoher Schneegarnitur quer über dem Fluß. Unsere Bretterbrücke hat Olimpio täglich dreimal reingeschaufelt, damit sie nicht einstürzt. Ein einziges, ein schaufelbreites Weglein geht bis zur Post. Als ich die Talstraße betrete, kann ich einen Überraschungsschrei nicht unterdrücken. Neben der Post ist eine Lawine niedergegangen, darüber ein Einmannpfad getreten. Da, wo sich sonst die vielbefahrene Asphaltstraße windet, sieht man nur noch sanfte Konturen und knietiefe Fußtritte. Der Helikopter soll beim Parkplatz landen. Also stapfe ich dorthin, ein paar Leute warten schon, bewaffnet mit Einkaufstaschen und Rucksäcken.

«Er ist in Briana, wir haben ihn surren gehört.»

Ich bin ein bißchen bange, denn unzählige Heutransportseile und auch drei Seilbähnchen gehen von der Nähe des Parkplatzes aus. Aber gewiß wissen die Piloten, wo sie landen dürfen. Die Libelle schwirrt an, kreist über unsern Köpfen, steigt wieder höher – der Pilot hat die Drahtseile gesehen, setzt sich schließlich ein Stück weiter auf die Wiese. Gott sei Dank sind wir von ihm weg, denn der Schnee, den die Maschine aufwirbelt, gleicht einem plötzlichen Orkan. Die beiden Männer steigen aus, versinken bis zum Bauch im Schnee, wir waten ihnen entgegen, wechseln uns ab, denn der Vorderste hat ganz schön zu kämpfen.

«Jemand krank?» fragt der Pilot auf Schweizerdeutsch.

«Nein, alles o. k.», sage ich.

Sie laden Kisten aus mit Milch in Tüten, Säcke mit Brot, mit den übrigen bestellten Dingen. Ich fotografiere, der Pilot drückt mir seine Adresse in die Hand und bittet um ein Foto, da er seinen Apparat vergessen hat. Wir sollen dem Vorsteher des Militärdepartementes eine Dankeschönkarte schicken, empfiehlt er uns, denn der Transport war gratis – Venanzio hat danach gefragt. Die Männer steigen wieder ein, der Rotor des Helikopters dreht sich, heult, der Wind peitscht uns den Schnee ins Gesicht – weg ist der Spuk. Ich werde dem Piloten nicht bloß die Fotos schicken, sondern sie in mein drittes Buch einkleben. Ich glaube, das macht ihm dann eine besondere Freude. Er wohnt an einem Ort am Zürichsee an der Hinteren Bergstraße 18. Als Absenderadresse werde ich schreiben: «Kathrin Rüegg, Allerhinterste Bergstraße links, Froda.» Ich sehe das verwunderte Gesicht des Empfängers oder seiner Frau.

*

Nach fünf Tagen ist die Straße wieder frei. Unsere Susi II wird kommen. Unsere Vierte im Bunde. Über Platzprobleme sprechen wir schon gar nicht mehr. Ich weiß sowieso, was Susi I sagen würde:

«Wo drei Platz haben, hat es auch für vier Platz.»

Und wenn wir es genau nehmen, hätte es sogar noch ein Bett für einen Fünften. Armin schläft im Wohnzimmer, und dort ist noch ein Divan frei. Und ein Notbett hätten wir dann auch noch. Das könnten wir in der Küche aufstellen. Dann, erst dann wäre das Boot voll. Und ich habe mir Sorge darüber gemacht, ob man zu Zweien hier wohnen könne!

Susi II kommt, begleitet von der Fürsorgerin, die uns bald wieder verläßt. Es sieht aus, als ob ein neuer Schneefall bevorstünde.

Susi II ist ein hübscher Teenager, schlank und rank, mit schulterlangem gelocktem, kastanienbraunem Haar. Es ist schick gekleidet, sogar eine Pelzjacke hat es – und rotlackierte Fingernägel. Susi II ist ein Kind, das erwachsen sein möchte – und raucht wie ein Türke. Es blickt ein bißchen verschüchtert drein, findet das winzige Schlafzimmerchen lustig – auch daß es seine mitgebrachten Kleider unter dem Bett unterbringen muß – weil wir keinen Schrank haben. Auch über unser Eßzimmer wundert es sich. Susi I hat den Tisch im Garten freigeschaufelt. Dadurch hat sich ein richtiger kleiner Raum ergeben, mit über zwei Meter hohen Wänden. Bloß das Dach fehlt.

Die beiden Susis und Armin kommen überein, daß wir Susi II umtaufen. Es heißt eigentlich Susanne Franziska und hat gar nichts dagegen, wenn wir es Fränzi rufen. Es soll hier ein neues Leben beginnen – weshalb denn nicht auch gleich mit einem neuen Namen?

«Und mit einer neuen Frisur», sagt Fränzi.

Es bittet Susi, ihm die Haare abzuschneiden. Susi weigert sich zuerst. Dann wird diese Möglichkeit doch ins Auge gefaßt. Armin weiß ein todsicheres System. Man muß irgendeine Schüssel auf den Kopf stülpen und einfach wegschneiden, was vorsteht. Marke «Häfelischnitt». Was haben wir für Schüsseln?

Fränzi geht in die Dusche und kommt zurück mit Onkel Arthurs geblumtem Nachttopf auf dem Kopf. Sie sieht aus wie der Page eines Grand-Hotels.

«Ginge eventuell der?»

Wir weinen vor Lachen. Nein, der ist zu klein. Das Freßgeschirr der Schafe ist zu groß, aber Pierinos Schüssel, die ist ganz, ganz genau richtig.

Susi und Fränzi verschwinden, mit einer Schere bewaffnet. Armin und ich hören Gekicher, Gelächter, es folgt tiefe, feierliche Stille, die Türe öffnet sich – und herein tritt eine hübsche junge Dame, dreht und wendet sich, streckt das Stupsnäschen selbstbewußt in die Höhe.

«Gefall' ich euch so?»

«Gefällt dir nicht das Haar auf deinem Kopf,
Geh zu Susi mit Pierinos Futtertopf.»

Armin hat diese tiefsinnigen Worte bei Fränzis Anblick gedichtet.

«Ich freu' mich, mit meiner neuen Frisur an den Carnevale zu gehen», sagt Fränzi.

«Stell dir aber bloß nicht vor, daß das so ist wie ein Karneval in der deutschen Schweiz», klärt Armin es auf.

In der Tat ist Tessiner Karneval ein so hübscher Brauch, so verschieden von der Fastnachtszeit auf der andern Seite des Gotthard, daß ich ihn nicht genug besingen – oder in unserem Fall beschreiben kann. Wir waren am Samstag in Briana. Da gab's Risotto und Luganighe, Nostrano und Mineralwasser, zum Dessert in Fett gebackene Kügelchen, denen die Deutschschweizer «Schenkeli» Pate gestanden haben.

Am Sonntag wollten wir nach Roviso. Da gab's wiederum Risotto – aber wir kamen zu spät, weil wir Odivios Heu transportieren halfen.

Am Dienstag kam dann Rasco dran. Dort gibt's nicht Risotto, sondern Siedfleisch und Kartoffeln. Silvio kocht sie vor dem Ristorante im Freien. Man faßt Pappteller, Plastikbesteck, bekommt eine Schöpfkelle voll Fleisch, eine Schöpfkelle voll Kartoffeln, ein Stück selbstgebackenes Brot und setzt sich im Restaurant an einen der vier Tische. Rasco ist ein kleines Dorf. Deshalb bildet die gesamte Karnevals-Schmaus-Gesellschaft eine Gruppe von kaum dreißig Personen, eingerechnet die paar Zuzüger aus den umliegenden Dörfern.

Zur Finanzierung des ganzen organisiert Silvio verschiedene Lotterien und Tombolas. Die netteste Art ist ein Heftchen, wie man es im Fremdsprachenunterricht zum Wörterlernen braucht. Auf Seite 1 stehen die zu gewinnenden Preise, in unserem Fall ein Goldvreneli als Hauptpreis, dann z. B 70 Liter Benzin, ein Warengutschein im Wert von Fr. 50.–, ein Fruchtkorb.

Auf Seite 2 steht: «Giulio hat das Holz für die Kochkessel gestiftet», schön umrahmt mit einem von Kinderhand gemalten Blumenkränzchen.

Auf Seite 3 steht: «Ich mache Musik für Euch, Pier-Luigi.» Wenn man weiß, daß er seit Weihnachten eine elektronische Handharmonika hat, mit Verstärker und Hi-Fi mit automatischen Trömmelchen und sämtlichem musikalischem Schnickschnack, wenn man zudem weiß, wie gut Pier-Luigi dieses Instrument beherrscht, dann macht man sich auf einen musikalischen Hochgenuß gefaßt.

Ab Seite 4 sind fein säuberlich Nummern aufgeschrieben, angefangen mit Nr. 101 bis ich weiß nicht wieviel. Das Büchlein geht reihum, man trägt seinen eigenen oder irgend einen andern Namen ein, bezahlt pro Nümmerchen einen halben Franken. Das jüngste Kind zieht schlußendlich die Nummern und jeder Gewinner wird mit einem ungeheuren Applaus bedacht. Vor zwei Jahren war es so, daß Hedwig, die ja keinen elektrischen Strom hat, ausgerechnet einen kleinen Fernsehapparat gewann. Sie hat ihn immer noch und wartet auf den Zeitpunkt, wo sie mittels eines Generators Strom erzeugen könne.

«Hauptsächlich für eine Tiefkühltruhe, nicht für den Flimmerkasten», betont Hedwig.

Nach dem Essen installiert Pier-Luigi also seine verschiedenen Lautsprecher, stückelt verschiedene Verlängerungskabel zusammen, bringt ein Extra-Kissen für seinen Stuhl. Einer holt eine Gitarre, ein paar stellen Gläser und Flaschen nach Tonarten zusammen, ein anderer leiht sich am Buffet zwei Suppenlöffel, um das elektrische Schlagzeug durch Handarbeit noch zu verbessern. Pier-Luigi spielt. Sein erstes Lied ist dasjenige, in dem ein schönes Mädchen aus dem Acquaverdetal eingeladen wird, mit in die Berge zu kommen. Alle, alle singen mit. Der mit den Suppenlöffeln schlägt sie abwechselnd auf die Knie und in die Hand. So einfach sein Instrument ist, so sehr versinkt er in der Musik und im Gesang, sein Gesicht ist tiefernst.

Wer Lust hat, sich nach der Musik zu bewegen, der tanzt. Silvio mit Dani, seinem achtjährigen

Töchterchen, ältere Frauen wie ich zum Beispiel mit dem als Einsterngeneral verkleideten zwölfjährigen Mario. Mario übergibt mir vor dem Tanz eine aus Telefondraht gebastelte Brille, die ich auf die Nase setzen muß. Er vergewissert sich, daß sein blaues Beret mit dem Stern richtig auf dem Blondhaar sitzt, ob sein Maschinengewehr richtig am Riemen hängt, dann machen wir zusammen unwahrscheinliche Tangoschritte mit Verrenkungen bis zum Boden.

«Du, könntest du mich nicht noch ein bißchen in die Luft hochhalten und dich dann drehen, so wie das die Eiskunstläufer machen?» fragt der Herr General mich.

«Geht nicht», sage ich, «das muß der Tänzer machen, nicht die Tänzerin.»

«In dem Fall eben nicht», sagt Mario, «denn dafür bist du nun wirklich zu dick – komm, dann dreh ich mich wenigstens um mich selbst.»

Gegen vier Uhr lichtet sich der Kreis der frohen Sänger und Tänzer. Es wird Zeit, die Tiere zu füttern.

«Nun Fränzi, wie hat dir der Carnevale gefallen?» fragt Armin.

«Sehr», sagt Fränzi, «aber weißt du, mir gefällt es hier überhaupt.»

*

Unser Schnee ändert vieles, ist an vielem schuld, das sonst nicht geschähe. Schnee ist auch schuld am Kochkurs in Roviso. Ich weiß nicht, wie es in andern Kochkursen zugeht. Meine einzige diesbezügliche Erfahrung war ein Schulkochkurs während des Krieges, wo wir zu viert zum Beispiel ein Ei und eine einzige Wurst zur Verfügung hatten. Da mich meine Mutter kochen lehrte und da ich mir längst angewöhnt habe, fleißig in in- und ausländische, speziell aber Tessiner Kochtöpfe zu gucken, wäre es mir kaum je in den Sinn gekommen, der Besuch eines Kochkurses sei für mich etwas Nützliches und Erstrebenswertes. Trotzdem sagte ich sofort zu, als mich Carmelina anrief.

«Wir haben hier im Dorf Marisa, eine ehemalige Haushaltslehrerin. Im Sommer führt sie mit ihrem Mann das Grotto bei der Kirche – aber im Winter genügt Rinas Wirtschaft. Deshalb sitzt Marisa nun zu Hause und langweilt sich, ärgert sich so über den Schnee, daß wir befürchten, sie nächstes Jahr wieder fortziehen zu sehen. Wir müssen etwas tun, um das junge Ehepaar während des ganzen Jahres hier zu behalten – und wir wollen gleichzeitig unsere Kochkenntnisse erweitern. Fünf wären wir. Damit der Kurs aber zustande kommt, brauchen wir noch drei Teilnehmerinnen.»

«Grotto bei der Kirche» – dort habe ich mal eine fabelhafte Minestrone gegessen. Die allein ist es schon wert, den Kurs zu besuchen. Und Fränzi lernt kochen plus Italienisch.

«Fein», sagt Carmelina. «Wenn du kommst, macht auch Anna aus Froda mit.»

Anna ist die nun pensionierte Posthalterin. Ich mag sie seit jeher besonders gern. Sie hat eine sehr feine, gebildete Art, ist irgendwie anders als die übrigen, robusteren Frauen des Dorfes und fühlt sich deswegen wahrscheinlich ein bißchen ausgeschlossen und allein. Sie war seinerzeit mit ihrem Mann nach Amerika ausgewandert und nach ein paar Jahren mit ihren zwei Kindern wiederum heimgekehrt. Sie freut sich, daß auch sie die Möglichkeit hat, am Kurs teilzunehmen – und für einmal betrachte ich mein nicht sehr geliebtes Auto als einen Segen.

So versammeln wir uns denn alle in der Küche des Grotto bei der Kirche: Anna, Pina, Angelina, Angela, Carmelina, Liliana, Fränzi und ich. Alles ist ordentlich organisiert, Arbeitspläne für Caterina, für Angela und – süß – für Signora Anna. Das Alter wird geehrt.

Wir lernen Dinge, die nicht unbedingt alltäglich sind, besonders nicht in einem Tessiner Haushalt: die Zubereitung von Sulzen zum Beispiel, mit wundervollen Dekorationen aus zu Blümchen geformten Karotten, fein-feinblättrig geschnittenen Cornichons, Zwiebelringlein. Bis jetzt habe ich derartige «Gärtnerarbeiten» in der Küche spottend abgelehnt. Nun spornt mich der Eifer an.

Wir machen Brühteig für süßes und salziges Gebäck. Ich schmunzle über die sospiri di monache – die «Mönchseufzer», die unseren deutschschweizerischen «Nonnenfürzchen» so entsetzlich ähnlich sind und frage mich, woher das wohl kommt. Wir braten Roastbeef auf dem Feuer des Kamins, rühren Mayonnaise und alle Abarten davon, mixen salsa verde, Bechamelsauce. Zwischendurch kommen Marisas beide Töchterchen im Pyjama, um jeder reihum buona notte – gute Nacht – zu sagen, die beiden Spaniels betteln bei mir, wenn Marisa es nicht sieht, um ein leckeres Versucherchen.

Nach fünf Kursabenden gestehen wir uns seufzend, daß wir alle zugenommen haben – trotz Schneeschaufeln. Nur Marisa nicht. Sie macht täglich Turnübungen, um schlank zu bleiben.

«So», sagt sie, legt sich flach auf den Boden, fährt Velo mit einer Beinstellung, die den Boden beinahe – aber nur beinahe berührt, zeigt andere Möglichkeiten dieser Selbstkasteiungen. Carmelina, die Witzigste, Lebhafteste der Gesellschaft, will es ihr gleichtun, liegt auch irgendwo zwischen Küchenschränken und -tischen, strampelt seufzend und ächzend ebenfalls auf dem imaginären Fahrrad, eine dritte versucht es. Die übrigen lachen, bis die Tränen fließen.

«Unser nächster Kurs wird ein Gymnastikkurs sein – und Marisa ist auch hier die Lehrerin», bestimmt Carmelina.

«Lustig wär's ja», stimmen alle bei, «aber wo gibt's in Roviso ein geeignetes Lokal?»

Küchen sind unpraktisch, auch der große Speisesaal in Rinas Restaurant wär nicht so gut.

Carmelina – sie ist in ihrer drolligen Art das Kompaniekalb des Kurses – fragt ernst:

«Ist Turnen eine Sünde?»

«Nein, wieso denn?»

«Nun, dann werden wir eben in der Kirche turnen – falls der Herr Pfarrer es erlaubt.»

Es geht gegen Mitternacht, als wir drei uns verabschieden. Ich trete ins Freie – und schrecke zurück. Innerhalb der fünf Stunden, die wir hier verbrachten, ist ein neuer halber Meter Schnee gefallen. Wenn die Talstraße nicht in der Zwischenzeit gepflügt worden ist, kommen wir auch mit meinem wintertüchtigen Wagen nicht mehr nach Hause.

Es braucht die Kräfte aller acht Köchinnen, um mich vom Parkplatz wegzuschieben, schließlich auch noch eine Schneeschaufel. Carmelina behauptet, daß Autoschieben ebenso schlankheitsfördernd sei wie Turnen in der Kirche. Auf der Autostraße liegen bloß fünfundzwanzig Zentimeter.

«Aber bleibt doch bei uns», sagen alle. «Diese Heimfahrt ist gefährlich.»

«Ich wage es nicht. Wenn es so weiterschneit, können wir dann nicht mehr zurück zu Susi.»

Die Schneemauern seitlich der Straße überragen mein Auto. Es fährt mir durch den Kopf, was ich wohl mache, wenn ich hier und jetzt steckenbleibe, mitten in der Nacht, mitten im Schnee, mit der alten, zarten Frau und mit Fränzi, für das ich eine gute Hirtin sein will. Mein Herz pocht, meine Hände umklammern schweißnaß das Steuerrad, das Auto fährt wie ein kleiner Schneepflug – aber es fährt. Und glücklicherweise geht es bergab. Ich schaffe es, meinen beiden vertrauensvollen Passagieren meine Angst zu verbergen. Als die beiden ausgestiegen sind, bleibe ich ein Momentchen sitzen und sage leise:

«Dankeschön».

*

Hätte mir je einer gesagt, ich sei fähig, ein Buch zu schreiben, so wie ich nun dieses schreibe, nie hätte ich dem geglaubt. Bisher war ich die Gesellschaft von Tieren gewöhnt. Die Katzen störten mich nicht, wenn ich während eines Morgens zwanzigmal aufstehen mußte, um Tintin hereinzulassen, Sissi hinauszulassen, Fuffi vom Büchergestell zu angeln, die Türe hinter Fritzli zu schließen, weil der sie wohl öffnen kann, aber ich ihm das Schließen noch nicht beigebracht habe. Auch Bona, die ihren Kopf auf mein Knie gelegt hatte, störte mich nicht. Aber Menschen um mich herum – nein, das ging nicht.

Heute geht es. Ich habe mich wohl ins Schlafzimmer zurückgezogen – hauptsächlich weil ich dann meinen unordentlichen Schreibtisch unordentlich belassen kann und alles sofort finde. Die Jungmannschaft besorgt morgens die Tiere allein. Wir trinken stehend in der Küche eine Tasse Kaffee, Susi richtet Tierleinmenus, wir besprechen unsern Arbeitsplan:

Armin: Seilbahn-Talstation ausschaufeln. Die Seile und Räder sollten geschmiert werden.

Susi: Wohnzimmer aufräumen, dann Pierino misten.

Fränzi: Pastetchen backen, so, wie wir es im Kochkurs gelernt haben. Als Füllung nicht Kalbfleisch. Wir haben Bratwurstbrät im Tiefkühlschrank.

Ich setze mich an den Schreibtisch.

Durch die dicken Steinwände höre ich nebenan im Wohnzimmer Mireille Mathieu ihrem Martin nachweinen, in der Küche dudeln Dudelsäcke – die sind momentan Nummer eins in der Hitparade. Im Hof hämmert Armin, Bona bellt. Meine Schreibmaschine klappert.

Frau Einsamkeit, mit der ich auf so gutem Fuß stehe, guckt mir über die Schulter.

«Wie geht's?»

«Danke gut, sehr gut.»

«Vermißt du mich?»

«Du weißt, daß ich dich gern mag – aber, sei nicht böse, mir ist's pudelwohl in dieser Betriebsamkeit. Und wenn eines Tages wir beide wiederum miteinander kutschieren müssen, so wie wir es während vier Jahren taten, dann wird eben das wiederum schön sein.»

«Kaaathrin» – ruft draußen Armin.

«Was ist?»

«Wo ist das Schmieröl für's Seilbähnchen? Und hast du auch Drahtseilöl? Ich weiß, wie man Drahtseile schmiert, muß aber eine Vorrichtung basteln, brauche eine Konservendose, Draht, Holzleisten.»

Er bekommt, was er braucht, zieht zufrieden ab und brummt, daß er nun ein verbessertes Schmier-System erhirnen will.

Ich setze mich, Fuffi hat unterdessen die angefangene Manuskriptseite am Rand angeknabbert, zum Glück links, wo ich den leeren Rand für Korrekturen lasse. Ich beschreibe unsere Arbeitsverteilung: Pastetchen, muß Fränzi daran erinnern, den Backofen rechtzeitig einzuschalten. Unsere Stromspannung ist so gering, daß alles viel längert dauert. Pierino jammert seinen Weltschmerz in die Welt von Froda. Ich weiß, Susi hat ihn ausgesperrt, weil er sie beim Misten immer plagt und ärgert. Ja, und ich habe vergessen, Fränzi zu sagen, daß wir auch noch Salat zum Menu möchten. Oh, schöpferische, fröhliche Emsigkeit im einst so stillen, kleinen Parad . . .

Eine Katze schreit, kreischt, daß es mir ins Herz schneidet. Susi schreit auch, Armin ruft nach mir. Da ist ein Unglück geschehen! Susi kommt mit bluttriefender Hand von der Seilbahnstation, die Katze schreit immer noch.

«Hiiilf, Kathrin!»

«Was ist denn bloß passiert?»

«Tintin ist mit dem Schwanz zwischen dem Zugseil und dem Triebrad der Seilbahn eingeklemmt, hängt kopfvoran und kratzte Susi, die ihr helfen wollte. Hilf, die arme, arme Katze!»

Da hängt sie, das Blut tropft über ihren weißen Pelz. Was soll ich tun?

Gott sei Dank das Richtige: Ich lasse die Bahn rückwärts laufen, Tintin fällt zu Boden, ist frei. Wir seufzen auf. Die Katze springt, von allen Furien gejagt, davon. Wir desinfizieren Susis zerkratzte Hand, suchen Tintin überall, sie hat sich irgendwo verkrochen. Fränzis Pastetchen verbrennen.

Ob Tintins Schwanz gebrochen ist?

Ob das eingeklemmte Stück abfallen wird?

Ob Tintin abends nach Hause kommt? Hoffentlich. Denn sie hört doch nichts. Und wenn sie ein Fuchs erwischt?

Unser zufriedener Tag wird ein trauriger Tag.

Wir bleiben besorgt auf bis gegen Mitternacht. Tintin kommt nicht heim. Zum ersten Mal in ihrem dreijährigen Katzenleben verbringt sie, verängstigt und verletzt, eine Nacht außer Haus.

Oder ist sie tot? Verblutet?

Die Gitarren stehen in einer Ecke, die Flöte liegt auf dem Tisch, die Spinnräder stehen im Weg herum.

Wir lassen alle vier die Köpfe hängen.

Armin will aufbleiben, um sie hereinzulassen – wenn sie heimkommt.

Fränzi ist nachdenklich, grübelt wahrscheinlich darüber nach, wie sehr wir uns sorgen, weil eine Katze nicht heimkommt. Ob seine Eltern sich auch so gesorgt haben, als es zu Hause weglief und zehn Tage lang verschwunden war?

Um halb sechs Uhr morgens ruft Armin das ganze Haus zusammen.

«Tintin ist heimgekommen!»

Sie ist gänzlich verstört, verkriecht sich sofort, aber wir haben unsere Tintin wieder.

Susi, die bis jetzt behauptet hat, wenn es nach ihr ginge, hätten wir bloß *eine* Katze, und zwar den Fritzli, findet nun, sie würde auch Tintin behalten. Wenn mein inneres Stimmchen mit Susi sprechen könnte, würde es Susi nun neckend fragen, was wohl noch alles passieren muß, bis Susi auch Mösli, Sissi, Peti und Fuffi behält!

Ich habe meine sechs Katzen nicht nur gern. Ich habe jede von ihnen am liebsten und würde mich freiwillig von keiner einzigen trennen. Wir sind ganz langsam zusammengewachsen, ein Katzentier ist zum andern gekommen, bis wir auch da eine große Familie geworden sind. Fritzli und Tintin sind die ältesten. Als sie halbjährig waren, gebar Bimbo die beiden Sissi und zwei Tigerchen. Für drei Kinder der Kleinen hatte ich Vorbestellungen. Ein Sissi – mein Sissi – blieb bei uns. Fritzli und Tintin behandelten dieses Sissi sehr, sehr von oben herab. Ich hörte förmlich, wie sie über «die ungezogene Göre von nebenan» schnödeten, wenn Mama Bimbo nicht in der Nähe war. Da starb Bimbo an einer Vergiftung – und das mutterlose kleine Katzentier weinte verzweifelt. Tintin ist ein operiertes Weibchen, hat aber doch ein kleines großes Katzenherz voller Mutterliebe. Sie leckte Sissi – was sie vorher entrüstet als entsetzliche Zumutung abgelehnt hätte –, und sie ließ das Waislein sogar an ihren Zitzen saugen. Ich habe in der Zwischenzeit noch ein paarmal festgestellt, daß Kätzchen so gerne saugen wie Säuglinge, denen man einen Schnuller gibt. Daß sie dabei nichts zu trinken bekommen, stört sie überhaupt nicht. Tante Tintin bemutterte nun Sissi, spielte mit ihr, gab acht, daß sie nicht zu weit vom Hause weglief. Was sie nicht hatte, war die Katzenmutter-Lockstimme mit den ganz besonderen Tönchen. Dafür wurde sie aber in ihrer Pflegemutterarbeit von Fritzli unterstützt, der nun eben Onkelrolle übernahm und sich genau so sehr wie Tintin um Sissi kümmerte. Sein Hauptgebiet in Sissis Unterweisung waren Kampfspiele. Es gab Tage, da übte Sissi stundenlang «Angriff auf Onkel Fritzli», und solche, da mußte sie sich ebenso planmäßig gegen seine Angriffe verteidigen. Wenn die Balgspiele zu arg wurden, schritt Tintin besänftigend mahnend ein.

Eine Katze im Haus zu haben, mag interessant sein. Zwei sind lustiger, drei noch mehr. Wen wundert's, daß ich glücklich mit allen meinen sechsen bin? Wobei ich gleich noch hinzufügen muß, daß ich wohl am katzenfreundlichsten Ort der Welt wohne. Ich muß keine Angst wegen Autos haben, sie haben Auslauf genug, Mauslöcher genug. Der Fuchs, ihr größter Feind, ist wenigstens ein natürlicher Feind. Meine Bande ist gegen Katzenseuche und Tollwut geimpft. Die Tierarztrechnung, auf die ich seit gut zwei Jahren warte, wird hoch sein – aber Ausgaben für meine Katzen sind gut angelegtes Kapital.

Gehe ich – was selten genug vorkommt – in ein Selbstbedienungsgeschäft, so gibt es bloß zwei Abteilungen, wo meine Kaufgelüste die Kapazität meines Geldbeutels zu sprengen drohen: Pflanzen und – Katzen- und Hundenahrung! Wobei Bona viel lieber Katzen- als Hundemenüs frißt. Kleider lassen mich kalt, Süßigkeiten auch, für Lebensmittel habe ich meine Einkaufsliste. Bei Katzenbiskuits «neue Qualität, noch besser für Ihren Liebling, jetzt zu Multipack-Aktionspreisen» kann man mich schwach werden sehen – und meine Einkaufstasche bleischwer. Und wehe, wenn Emilia dann bemerkt, was ich da wiederum eingekauft habe. Dann schimpft sie mit mir, heißt mich verschwendungssüchtig und unvernünftig. Und ich lasse ihren Zorn über mich ergehen, weil ich weiß, daß sie es auf ihre Art gut mit mir meint. So gut, wie ich es mit meinen Katzen meine, und mit Bona, und mit Pierino, und mit Mathilde, und mit Seppli, und, und.

Ja, und seit diesem Winter auch mit meinen Kumpeln. Fränzi auf alle Fälle, das hat schon etwa fünf Kilogramm zugenommen und behauptet, hier sei eine Frauenmästerei-Anstalt. So frech ist sie!

*

Hie und da mache ich das, was ich bei mir selbst «geistige Fotos» nenne. Irgendein Moment prägt sich in meinem Hirn so ein, daß ich ihn wie eine Fotografie immer wieder hervorholen kann. Das neueste Bild in dieser Sammlung ist Susi.

Fränzi und ich kommen vom Kochkurs heim. Das Licht im Wohnzimmer brennt noch. Wir treten ein. – Susi steht, angetan mit einem orangeroten WWF-Pullover und einem Paar der anti-eleganten dunkelblauen Trainingshosen, die wie eine Kreuzung zwischen Knickerbockers und Pumphosen aussehen und hier die Aufschrift «Ohio University» tragen, in roten handgestrickten Kniesocken und mit Endefinken an den einwärts gebogenen Füßen auf einem Schemelchen mitten im Wohnzimmer. Sie kehrt uns den Rücken zu und ist so vertieft in ihre Arbeit, daß sie uns überhaupt nicht bemerkt. Sie hebt die linke Hand hoch, in der sich ein Büschel ungesponnene Wolle befindet, und von ihrer rechten Hand tanzt eine hölzerne Spindel, halb umwickelt mit Wolle. Susi hat im Alleingang und als Autodidakt herausgefunden, wie man mit der Spindel spinnt und führt uns das nun stolz vor. Derart gesponnene Wolle ist viel weicher. Eine Spindel hat auch in der kleinsten Tasche Platz. Falls Susis Kanada-Visum bis dann noch nicht eingetroffen ist, wird sie im Frühjahr das tun, was ich schon lange gerne möchte: Tiere hüten und spinnen dazu. Und – da mache ich jede Wette – sie wird ein begehrtes Fotosujet der vorbeiwandernden Touristen sein – mit Pierino, Kitti und Kätti im Hintergrund!

*

Wieder einmal frage ich mich, welche Wirkungen anscheinend zufällig miteinander verknüpfte Ursachen haben können. Von dem, was da wieder auf mich zukommt, ist mir ein bißchen bange.

Ursache a) ist Armin

Ursache b) ist der Schnee, das schlechte Wetter, das uns in die Stube verbannte, und

Ursache c) die Tatsache, daß ich wie schon letztes Jahr als Zahlung für meine Schafhirt-Arbeit von Odivio die Wolle all seiner Schafe erhielt. Wir verbringen die Tage und Abende, oft bis nach Mitternacht, mit Spinnen und Stricken – Armin sitzt in seiner Ecke und büffelt an seiner Volkswirtschaft.

Wir sind daran, sämtliche Langspielplatten auf ihre Eignung als Spinn-Musik zu prüfen. In unserer Spinner-Hitparade ist momentan Haydns Trompetenkonzert in C-Dur Nummer eins. Letzte Woche war es griechische Volksmusik. Auch Herr Mozart und Herr Beethoven liegen in den vorderen Rängen.

«Ob die sich darüber wohl freuen würden?» fragt sich Fränzi. Sie sitzt am Spinnrad und kämpft mit einem Wollfaden, der Ähnlichkeit mit einer Sprungfeder hat.

«Ach Scheiße!» seufzt Fränzi. «Ich lern's nie.»

«Komm, ich zeig's dir nochmal.»

Susi, die wiederum auf ihrem Schemelchen steht, steigt herunter, hilft Fränzi.

Nun geht's schon besser.

Susis Spindel tanzt von neuem.

Ich versuche, einen Hut aus wasserdichter Wolle zu häkeln. Wir haben das Vlies eines Schafes versponnen, ohne die Wolle zuerst zu waschen. Das darin verbliebene Wollfett ist das beste Imprägnierungsmittel.

Armin studiert irgendein gelehrtes Buch, schaut uns hie und da zu, sagt plötzlich:

«Ihr könntet eigentlich eine Textilfabrik eröffnen. Ich mache jede Wette, daß euer Zeug von Boutiquen zu horrenden Preisen verkauft würde. Und einen Markennamen hätte ich auch schon: «Caterina».

«Die Boutiquen würden es schon teuer verkaufen – aber wir bekämen bestimmt nur die Hälfte davon», brummt Susi.

Armin nagt an seinem Bleistift. Ich sehe förmlich die Rädchen, die sich in seinem volkswirtschaftlich gebildeten Hirn drehen.

«Wie wäre es», sagt er schließlich, «wie wäre es, wenn ihr hier eine Boutique eröffnen würdet. So eine für Touristen, mit lauter Erzeugnissen aus Froda. Wollsachen, Dinge aus Kaninchen-, Schaf- und Ziegenfell, Gemüse, die Heidelbeeren aus Ettores Anpflanzung, Eier, Schaf- und Ziegenkäse, Körbe, die Spinnräder, Polentateller, die Gualtiero drechselt. Deine Bücher sind schließlich auch ein

Erzeugnis aus Froda, die Marmelade nach Onkel Arthurs Rezept aus grünen Tomaten . . .»

«Lieber Armin, das ist eine nette Theorie. Aber glaubst du erstens, daß ich mein Geschäft in der Stadt aufgegeben habe, um nun hier dasselbe wieder zu tun, und zweitens: Wann, glaubst du, hätte ich dafür Zeit nach all der Arbeit mit unserer Landwirtschaft, und wo wäre ein geeignetes Lokal? Verschone mich damit.»

«Hm», Armin zerkaut seinen Bleistift beinahe. Ich sehe, daß die Rädchen in seinem Kopf jetzt heiß laufen.

«Kein Mensch sagt, daß du Verkäuferin in diesem Laden sein sollst. Du könntest höchstens ein-, zweimal wöchentlich Bücher dort signieren. Das würde wiederum diejenigen Leser freuen, die es nicht wagen, dich zu besuchen, weil du schon in zweien deiner Bücher diesbezügliche Jammertiraden abgelassen hast.»

Dieser Gedanke scheint mir gar nicht so schlecht.

«Und», so fährt Armin fort, «jemanden, der sich als Verkäuferin eigenen würde, wüßte ich auch – Evelyn –, und schön wär's, wenn Odivio uns ‹il botteghino – das Lädeli› – zur Verfügung stellen würde.»

Das Lädeli – in Deutschland wär's ein Tante-Emma-Laden – war früher das Verkaufsgeschäft für alles in Froda. Man bekam, angefangen bei Gemüsesamen über Konserven und Schuhnestel, bis zu Mückenspray alles, was es zum Leben braucht. Aber für die wenigen, die heute noch hier wohnen, lohnt sich das nicht mehr. Das Lädeli ist, wie so viele, viele andere gestorben. Es wieder in Betrieb zu setzen, das wäre schön. Nun begannen auch in meinem Hirn die Pläne zu wuchern.

Die Schafbauern im Dorf jammern, weil sie die Wolle mühsam verpacken, mit teurem Porto wegschicken müssen und erst noch nur einen Minimalpreis dafür bekommen. Die Frauen, die für das Geschäft in Roviso Wolle färben und spinnen, verwenden eine andere, viel feinere Wollqualität, sind stolz darauf, nur ganz regelmäßig gesponnene, einfarbige Wolle zu verkaufen. Wir könnten sozusagen eine Marktlücke füllen, mit vielfarbiger, grob verarbeiteter Wolle – und erst noch die hiesige Wolle verwenden. Für sportliche Kleidungsstücke ist sie sehr geeignet.

«Fränzis Wolle allerdings», bemerkt Susi, «die verkaufen wir an Seilbahnbesitzer.»

Drei Fragezeichen stehen in der Luft.

«He ja, so gesponnen, wie die das macht, eignet sich ihr Garn am besten für Zugseile.»

Fränzi ist so gutmütig, daß sie über dieses zweifelhafte Kompliment lacht.

Armin stürzt sich mit Begeisterung in die Organisation unseres Botteghino. Il botteghino – der Name klingt süß. Erst als ich ihn niedergeschrieben sehe, fällt mir eine Ähnlichkeit auf, die einfach Glück bringen muß: Mein früheres Geschäft, das große in der Stadt, das hieß «Bottewage» – wenn das kein merkwürdiger Zufall ist!

Armin peilt Odivio an, zwecks Mietverhandlungen. Nein, il botteghino della mamma kann er uns nicht zur Verfügung stellen. Er hat Umbaupläne. Aber da wäre ein Schafstall nahe beim Parkplatz. Der wäre für unsere Zwecke noch günstiger, denn das wäre ein größerer Raum. Und über die Höhe des Mietzinses muß er noch nachdenken.

Armin pilgert zu Evelyn. Evelyn und Werner, die beiden haben hier ein Weekendhaus, kommen mit ihren Kindern Michele und Cristina jedes, aber pickelhart jedes Wochenende von Lugano hierher. Gleichgültig, ob es Katzen hagelt oder schneit oder Hochwasser ist. Am Freitagabend gehen die Fensterläden an ihrem Häuschen auf – und während aller Schulferien sind die Werners natürlich hier. Cristina hilft mir hie und da im Stall. Sie kam auch mit mir nach Roviso, um den Wollfärbfrauen beim Waschen behilflich zu sein. Anstatt nur Evelyn «anzuheuern», wie er das so schön ausdrückte, begeistert Armin gleich die ganze Familie. Evelyn will verkaufen, dabei spinnen oder stricken, Werner wird seine berühmten Konfitüren kochen. Er hat da ein paar Geheimrezepte. Michele wird Tessinerhäuslein und -Kirchen auf Postkarten malen. Noch niemand ist bis jetzt auf die Idee gekommen, Tessiner Kinderzeichnungen zu verkaufen. Cristina möchte kleine Täschchen zum um den Hals hängen stricken. Fränzis harte Wolle wäre dazu geeignet. Werner und Michi werden den Stall tünchen, die ganze Familie wird im eigenen Backhäuschen Brot backen und Kuchen. Holzofenbrot hat seine Liebhaber.

Dann müssen wir Pitt fragen, ob er uns ein Signet entwirft, das wir auf alles mögliche aufdrucken können, zum Beispiel auf Sommerleibchen. Die Ideen sprühen aus allen Köpfen.

Wir sind so in unsere Pläne versunken, daß wir nicht bemerkt haben, daß es draußen wieder schneit und schneit und schneit. Es liegt wieder so viel Neuschnee, daß der Schneepflug steckenbleibt und die Talstraße nun ein drittes Mal gesperrt ist. Über Nacht schneit es nochmal so viel, daß der Schnee nun bis an den oberen Rand des Wohnzimmerfensters geht.

Andere im Tal mögen jammern. Wir haben keine Zeit dazu. Die Textilfabriken von Froda-Ost und Mittel-Froda arbeiten mit Volldampf. Armin überlegt sich ernstlich, ob er nicht auch noch spinnen lernen soll – aber da sind seine Prüfungsaufgaben.

Ich kämpfe mit dem wasserdichten Hut. Aus dem ersten Versuch wird ein Beret.

«Ein Kuhfladen – präzis wie ein Kuhfladen», sagt Fränzi, setzt das Beret auf ihr Lockenhaar und sieht süß aus darin. Ich schenke das Beret Fränzi, denn ich will – zum Donnerwetter – einen HUT.

Ich beginne, arbeite verbissen eine, zwei Stunden, trenne das Ganze wieder auf, viermal, fünfmal. Aber ich bin ein sehr hartnäckiger Mensch. Schließlich habe ich ein Gebilde, das meiner Meinung nach einem Hut ähnelt. Ich setzte es auf, schaue selbstbewußt um mich – und alle krümmen sich vor Lachen.

Susi: «Genau wie ein Fräulein von der Heilsarmee.»

Armin: «Ich hatte so ein Matrosenhütchen, als ich ganz klein war.»

Fränzi sagt nichts – wischt sich bloß die Lachtränen vom Gesicht.

Ich mache die Krempe etwas breiter, aber ekligerweise krümmt sie sich immer nach oben. Ich bügle das Ganze. Hilft nichts. Schlußendlich finde ich den Trick, gehe aber vorsorglicherweise ins Badezimmer, um mein Werk auszuprobieren. Sollen die sagen, was sie wollen, jetzt gefällt mir mein Hut – er wird sehr, sehr praktisch sein bei Regenwetter und sieht schon so vergammelt und zerknittert aus, daß er zu meiner übrigen Garderobe paßt.

Armin setzt ihn sich auf.

«Also, mit dem Ding da, da laufe ich in Zürich auf der Bahnhofstraße herum und mache Reklame für den Botteghino. Nur die Farbe sollte etwas frischer sein. So wirkt er doch ein bißchen sehr schmutzig.»

Mein armer, malträtierter Hut. In Bonas Trinkwasser ist er schon gefallen, die Katzen haben mit ihm gespielt und ihn durch die Wasserlachen der Stiefel gezogen und den aus den Katzenkistchen gefallenen Torf. Meine Hände waren auch nicht immer die saubersten. Aber Hauptsache, die Form stimmt, daß ich weiß, wie man sie macht. Und ich nehme mir ein Plansoll vor: wöchentliche Fabrikation von zwei Hüten – sauberen Hüten notabene. Letzterer Vorsatz ist sehr schwer in die Tat umzusetzen. Man stelle sich das vor: Unsere sämtlichen Stühle sind behangen mit nassen Jeans, mit nassen Pullovern, Socken, Hemden. Man stolpert über Gitarren, die entsprechenden Noten – denn Armin spielt uns hie und da was vor, was Susi wiederum dazu bewegt, ihre Spindel zu lassen, ihn auf ihrer Gitarre zu begleiten, worauf ich die Blockflöte hole und auch noch mitmusiziere. Fränzi singt – wird bald auch Gitarre spielen. Ich hab' sie beim heimlichen Üben erwischt.

Aus meinem Einsiedlerstübchen ist ein Raum geworden, wo das Leben aus allen Fugen quillt.

Die Katzen liegen auf und unter den Kleidern, Bona streckt sich auf dem Diwan, das Huhn hockt auf seinem Stengelchen, und die Lämmchen blöken in ihrer Kiste am Ofen.

Das Huhn – es heißt Friederike – hat Unfall gemacht. Die Kiste mit den Legnestern ist umgestürzt und hat es unter sich begraben. Friederike hat sich irgendwie am Fuß verletzt und einen Schock erlitten. Nun sitzt sie vergelstert auf dem Stengelchen, das vor ihr letztes Jahr der Hahn Willibald Gluck bewohnte, und schaut verwundert in unsern Betrieb.

Die Lämmchen sind unsere Wonne und unsere Sorgenkinder. Odivio hat ein Schaf, das schon letztes Jahr Zwillinge gebar und sie nachher nicht akzeptierte. Jene starben – weil ich nicht wußte, daß von ihrer Mutter vernachlässigte Lämmchen nur ein paar Stunden lang überleben können. Diesmal trugen wir die wie Kinder schreienden Zwillinge nach zwei Stunden Beobachtungszeit ins Haus. Ein Junge und ein Mädchen. Der erstgeborene Junge war schon schwach, hatte keine Lust zum Trinken. Das Mädchen begriff nach ein paar fehlgeschlagenen Versuchen, wie man aus dem Fläschchen trinkt.

«Mädchen sind eben gescheiter», doziere ich.

Armin schweigt infolge der weiblichen Überzahl in diesem Haus.

Oh, wäre ich doch nicht so überheblich gewesen. Zweimal füttern wir das gescheitere Mädchen, den dümmeren Buben, da bekommt das Mädchen Durchfall – dünnen, dünnsten, allerdünnsten Durchfall. Es will nicht mehr trinken, steht nur noch mit gesenktem Köpfchen in seiner Schachtel, teilnahmslos und wie ein Häufchen Elend. Der Junge hingegen, der trinkt bedächtig, ruht sich gelegentlich aus. Auch er hat Durchfall, das kommt von der Kuhmilch-Wasser-Ei-Lebertran-Zuckermischung, die eben die Muttermilch nicht ersetzen kann.

Hätte ich doch schon Milch von Kitti und Kätti!

Die Kleinen bekommen rund um die Uhr alle vier Stunden ihr Fläschchen. Ihre Schachtel steht nahe beim Ofen im Wohnzimmer. Die Nachtschichten des Lämmchenfütterns übernimmt Armin. Er ist nun eben Säuglingsschwester – äh – -bruder. Das Mädchen stirbt trotz aller Bemühungen nach ein paar Tagen. Wir sind todtraurig. Maxli aber – so haben wir das Bübchen getauft –, der entwickelt sich – Durchfall hin oder her – stürmisch. Dank Bona. Sie leckt sein kotverschmiertes Fellchen. Das scheint seinen Saugtrieb anzuregen. Wir müssen nun über die Schachtel einen Wäschekorb stülpen, sonst hüpft Maxli heraus. Fränzi fragt besorgt, wie man es anstellt, daß ein Lämmchen stubenrein wird. Sie ist seine Obermutter, wir sind so eine Art Untermütter oder Tanten und Onkel. Wenn Fränzi sichtbar ist, folgt Maxli ihr auf der Ferse, ohne Fränzi nimmt er auch mit uns vorlieb, notfalls auch mit Bona.

Mutterersatz für ein hilfloses Tierbaby zu sein, ist für Fränzi ein umwerfendes Erlebnis. In ihrem fünfzehnjährigen Herzen hat sich Liebe und Mütterlichkeit angestaut, die sie nun über das Lämmchen ausgießt. Sie mißt Trockenmilch und Reisschleim, Vitamintropfen, Ovomaltine, wärmt das Trinkfläschchen, stellt den Wecker, damit sie die Fütterungszeiten nicht verpaßt.

Fränzi kann ganz ordentlich kochen, ist aber schlampig. Daß sie nun für Maxlis Mahlzeiten peinlich sauber arbeiten muß, färbt auch auf ihre übrige Küchenführung ab. Ob Pädagogen schon draufgekommen sind, wieviel erzieherischen Wert Jungtiere für Jugendliche – besonders für verirrte Jugendliche – haben?

Und wenn ich es genau betrachte: Das Fränzi, das von zu Hause weglief, sich zehn Tage lang herumtrieb, schließlich mit dem Gesetz in Konflikt geriet, beinahe in einer Erziehungsanstalt landete, dieses Fränzi also erzieht nun mich. Ich muß ihr Beispiel sein. Denn nichts ist so ansteckend wie das Beispiel – in gutem oder schlechtem Sinn. Ich muß wegen ihr ordentlich sein – Armin und Susi müssen es auch. Ich muß mich beherrschen, um Fränzi keine – sagen wir mal allzu ungeschliffenen Wörter beizubringen. Fränzis Vokabular ist schon – hm – blumig genug. Ich muß peinlich pünktlich aufstehen und meiner Mannschaft Tagwache blasen. Einmal tat ich es zu spät. Unser vorgesehenes Arbeitsprogramm wurde nicht eingehalten, ich war deswegen mißmutig. Mißmut färbt aber sofort ab – genausosehr wie gute Laune. Also habe ich nur noch gute Laune, auch wenn es schneit, neblig ist, auch wenn ich fünfzigmal bis zu den Hüften einsinke, bis ich bei der Brücke bin, unserem provisorischen, primitiven Notsteg, der allen Schneemengen getrotzt hat, obschon er nur aus Balken und Brettern besteht. Unsere neue Brücke, diejenige aus armiertem Beton, vorfabriziert, schwer und klobig, die im Herbst nicht mehr fertig wurde, diese Brücke liegt eines Morgens gestaucht, zerdreht, verkrümmt im Flußbett. Wir jubeln, als wir das Unding dort unten entdecken. Hoffentlich montieren sie nun unser liebes altes Schaukel-Bim-Bam-Hängebrücklein wieder, das mit seinem Maschendrahtgitter so bescheiden und unauffällig war, daß man es liebhaben mußte. Wie oft habe ich am Morgen beim Postgang gezögert, es zu betreten, damit der Schnee, der in jeder Masche lag, nicht ins Wasser stob und den Eindruck löschte, eine Riesenfee hätte gestern hier eine Häkelarbeit vergessen!

Unterdessen haben sie eine neue Neue Brücke gemacht, offenbar mit denselben Plänen wie die alte Neue Brücke, genauso schwer und modern. Es schmerzt mich, wenn ich hinunterschaue zum schönsten aller Flüsse mit dem schönsten grünen Wasser – und der häßlichsten aller Brücken. Andererseits denke ich, wie glücklich ich bin, daß mich dies so empört. Wenn ich die Sorgen anderer Leute sehe, wenn ich das gemütliche Zusammenleben der Familie Meier betrachte . . .

Und da bemerke ich, daß ich es bis jetzt unterlassen habe, die staunende Umwelt mit der Familie Meier bekannt zu machen. Bitte, darf ich vorstellen?

*

Wer so wie wir an einem abgelegenen Ort in der Abgeschiedenheit des Schnees lebt, entwickelt seine eigene Sprache. Einer meiner drei Kumpane kam auf die Idee, wir seien eigentlich wie eine Familie. Aber wenn schon Familie, dann Familie Meier.

Frau Meier, Susi Meier, Armin Meier, Fränzi Meier, auch Maxli Meier, auch Pierino Meier.

«Aber zu Frau Meier würde auch Herr Meier gehören.»

Fränzi weiß da Rat: «Herr Meier ist mit einer jungen Freundin davongelaufen.»

Armin ist der Ansicht, wir seien eine so nette Familie, daß Herr Meier gewiß keinen Grund gehabt hätte, uns im Stich zu lassen.

Eine andere Lösung wär's, daß Frau Meier eben drei uneheliche Kinder hat. Wir sind uns auch jetzt noch nicht einig, welche Variante richtig wäre und ob es vielleicht noch eine dritte gäbe. Aber etwelche Besucher schütteln bestimmt ihr Haupt, wenn sie uns zuhören und zum Beispiel vernehmen, daß «Familie Meier heute abend eine Etüde für Brot und Konfitüre erwartet». Übersetzt wäre das, daß wir zum Nachtessen «Café complet» planen.

Wenn ich verkünde, daß Frau Meier eine Stinkwut im Bauch hat, weil Fränzi wiederum Maxlis Trinkfläschchen nicht gewaschen hat, dann ist meine Rüge viel erträglicher.

*

Fränzi ist beinahe Bernerin – Susi ist ganze Bernerin, Armin und ich sind Bündner. Endlich lernen die Bündner, weshalb die Berner langsam sind: Damit die Bündner nachkommen. Der Spaß, den die Bündner an der Berner Sprache haben, ist unermeßlich. Besonders Fränzi muß sich viel Gelächter gefallen lassen.

Aber man muß einfach kichern, wenn sie feststellt, daß sie gerne vüu Müuch trinkt, daß meine

Garteschtüu wie solche im Füum ausschauen und daß es liebend gerne einen Böuzmantu haben möchte. Vüu ist viel, Müuch ist Milch, Stüu sind Stühle, und entsprechend muß der Böuzmantu ein Pelzmantel sein. Füum kann auf Grund meiner obigen Angaben vielleicht selbst übersetzt werden.

*

Habe ich da doch allen Ernstes meinem Herrn Verleger geschrieben, Höhepunkt des diesjährigen Winters werde die Geburt von Kittis und Kättis Lämmchen sein. Schlechter Prophet, der ich bin! Da war nun der Schnee, der langsam, ganz gemächlich seinen Rückzug nimmt, da sind die Erlebnisse mit meinen drei Kumpeln, auch den Maxli darf ich nicht vergessen. Und nun kommt ein weiteres dazu: Unser Dorf ist krank! In kaum einem der wenigen bewohnten Häuser sind alle noch auf den Beinen: Influenza, Folge von zu wenig Sonne, vielleicht auch von zu wenig Gemüse, von Anstekkung. Jeden Dienstag besucht ein Arzt von San Michele aus den obern Teil des Tals. Wer an der Straße wohnt und seine Visite wünscht, steckt ein Rotkreuzfähnchen ans Fenster. Wer kein Rotkreuzfähnchen besitzt – und das ist bei den meisten der Fall – nimmt eben dasjenige mit dem Schweizerkreuz. Momentan ist unser Tal beflaggt wie am Nationalfeiertag. Diejenigen, die abseits wohnen, stecken ein Zettelchen in einen Extrabriefkasten beim Parkplatz. Liebend gern würde ich dem Herrn Doktor mal über die Schulter gucken und die entsprechenden Botschaften lesen. Aber vermutlich gehören diese schon zum Arztgeheimnis.

Auch Emilia ist krank. Emilias eine Schwester ist mit Windpocken im Spital, die andere hat Fieber, auch Olimpio, ihr Bruder. Ich habe mich schon lange bei Emilia für eventuelle Hilfeleistungen empfohlen, und heute nun macht sie davon Gebrauch. Olimpio keucht mühsam bergaufwärts, holt Susi und mich ab, um uns zu zeigen, wie man seine Ziegen füttert. Zwei Ställe voller meckernder Ziegen erwarten uns.

Das Acquaverdetal hat seine eigene, schweizerisch anerkannte Ziegenrasse: Sie sind gehörnt, von knochigem, robustem Körperbau, mit mittellangem brandschwarzem, etwas zottigem Fell. (Möglicherweise fördert dieser Hinweis den Verkauf des Schweizerischen Ziegenrassen-Handbuches – falls es ein solches gibt. Wie ich in Buchhandlungen immer wieder höre, werden seit meinen Publikationen beträchtlich mehr Detail-Landkarten des Tessins verkauft, weil viele Leser herausfinden wollen, welches Tal ich «Acquaverdetal» getauft habe. Der Hinweis auf Olimpios schwarze Ziegen wäre somit ein neuer Fingerzeig für Detektive.)

An den Futterkrippen sind die Mütter angebunden, in der Stallmitte stehen eine Art Laufgitter, in denen sich Zicklein tummeln. Im ganzen sind es mehr als dreißig Ziegen, die bis jetzt zwanzig Zicklein geworfen haben. Dreißig schwarze Ziegen mit zwanzig schwarzen Zicklein, deren Fell wie Seide glänzt. Zwei wurden während der Nacht geboren, als erstes wird die Nachgeburt, die auf der Streu liegt, weggeräumt. Dann markiert Olimpio die Neugeborenen, indem er ihnen irgendwo ein Büschelchen Haare wegschneidet und dies auf einer Liste vermerkt. Diese Liste ist aber für uns wie chinesisch, denn da steht zum Beispiel:

«Susi (schon wieder ein Susi!) gamba sinistra»

«Susina (und *noch* ein Susi!!) collo»

Das heißt im Klartext, daß Susis Kind am linken Bein markiert ist, Susinchens Kind am Hals. Welche der Ziegen nun aber die Susen sind, ist nicht ersichtlich. Ich mache eine für uns verständlichere Aufstellung.

Stall 1 links:

1. Ziege	rechte Flanke
2. Ziege	noch kein Kind
3. Ziege (Susi)	linkes Bein
4. Ziege (Susina)	Hals
5. Ziege	Bauch
6. Ziege	noch kein Zicklein
7. Ziege	Ziegenbock

Teilweise sind die Markierungen der Zicklein aber so schwer zu sehen, daß wir ein bißchen daran zweifeln, ob wir immer das richtige Kind zur richtigen Mutter tun. Schafmütter säugen nur ihre eigenen Lämmchen und jagen andere weg.

«Bei Ziegen genügt es, daß die Mutter ihr Kind nicht sieht», erklärt uns Olimpio. «Wichtig ist bloß, daß die Kleinen während der ersten paar Tage die Milch ihrer richtigen Mutter erhalten. Tut einfach euer möglichstes.»

Wir helfen nun also, indem wir eines nach dem andern aus den Laufgittern heben, ihm die Zitze einer Ziege ins Mäulchen schieben, bis es richtig saugt und später die Zitze wechseln.

Nach der Kinderfütterung wird eventuell im Euter verbliebene Milch ausgemolken. Mich durchzuckt es heiß: Ich kann nicht melken! Olimpio schaut aber so fiebrig drein, daß ich ihm das nicht gestehe. Ich werde es eben heute abend versuchen, bis es geht. Die ausgemolkene Milch dürfen wir haben für unsern Maxli, der immer noch Durchfall hat.

Nun werden die Ziegen gefüttert – aber ja nicht mit Emd, Heu muß man ihnen jetzt geben. Zuletzt erhalten sie Wasser, lauwarmes Wasser. Dazu müssen wir in einem dritten Stall ein Feuer entfachen, über dem ein kupferner Kessel an einer Kette hängt. Wir schleppen das Wasser vom Brunnen her, hacken Holz, blasen in die Glut, bis uns schwindlig wird. Olimpio geht jetzt nach Hause, um zwei, drei Tage auszuruhen, und überläßt uns die Tränkarbeit – und ich bitte wieder einmal alle tierleinliebenden Heiligen, uns beizustehen, daß wir nichts falsch machen.

Eine meiner Ansichten muß ich korrigieren: Bis jetzt fühlte ich mich als Königin auf dieser Seite des Flusses. Ich bin wohl eine Art Königin, wohne aber nur im ersten Stock eines Wolkenkratzers, während Olimpio als Kaiser im Penthouse dieses Gebäudes thront – und daß der Lift kaputt ist! Trotzdem: Beim Brunnen zu stehen und den Blick schweifen zu lassen, bis der Kessel vollgelaufen ist, macht allen Schweiß wieder wett: Weit unten schlängelt sich die Straße, höckeln die Kirche und die Häusergruppen beisammen, die Dächer immer noch schneebedeckt, zwei, drei Kamine rauchen. Der grüne Fluß ist manchmal golden, manchmal silbrig, sein Lied klingt bis hier herauf. Die Kirchenglocken bimmeln, ein Auto hupt weit weg, ein Flugzeug zieht einen weißen Streifen ins Himmelblau und – höre ich recht? – eine Amsel singt!

Eine Woche später:

Nie, nie mehr werde ich versprechen, ein Manuskript auf einen bestimmten Zeitpunkt abzugeben. Mein «Leben in der Abgeschiedenheit» ist derart aufregend, es gibt so viel Unvorhergesehenes, daß alle festen Versprechungen zu drückenden Belastungen werden. Olimpio hatte keine Grippe – auch er hat Windpocken, auch Emilia und Lydia. Und während der nächsten zehn Tage müssen wir schauen, wie wir ihre Ziegenherde durchbringen. Dreimal täglich steigen wir auf den Berg, beladen mit Strohballen, mit Kübeln, mit Saugfläschchen, Kartoffeln, Kleie, altem Brot, Kamillentee, Milchsieben, Schüsseln, Penicillinspritzen, Besen, Watte, Augensalbe und – Gartenstühlen. Mit meinen in Stücke zersägten Gartenstühlen. Das Holz für den Wasserkessel ist uns ausgegangen. Da mein Kamin nicht zieht, besitze ich kein Brennholz. Um Olimpio keine Sorgen zu machen, zerhacken wir kurzerhand unsere ohnehin wackligen Stühle und haben Holz, das wunderbar brennt, Buchenholz. Falls Olimpio je erfährt, daß wir für die lauwarme Tränke seiner Ziegen unsere Stühle opferten, wird er vor Schreck das Kreuz schlagen.

Nach ein paar Tagen sind wir nun in unserer Funktion als «Olimpios Ziegenhirt-Schwadron» schon ganz nett eingearbeitet und aufeinander eingespielt. Aber *bis* es soweit war! Da ist zum Beispiel die dritte Ziege im ersten Stall links, deren Euter platzt vor Milch, aber sie gebärdet sich wie ein wütender Stier, wenn ein Zicklein sie berührt. Alle zwölf Kleinen, die in diesem Stall sind, offerieren wir ihr. Sie schlägt mit ihren Hörnern, droht die Kleinen aufzuspießen, stampft mit den Beinen – und gleichzeitig meckert sie ununterbrochen. Mir bleibt nichts übrig, als hinunter zum Telefon zu gehen, um Olimpio um Rat zu bitten.

«Ach ja, das hab ich vergessen zu sagen. Die ist so böse, daß man sie melken muß.»

«Voilà, da hast du es nun. Nun geh hin und melke – auch wenn du es nicht kannst.»

Mein inneres Stimmchen, das sich diesen Winter kaum gemeldet hat, ist wieder da – und sehr vorwitzig. Dem werde ich es zeigen!

«Hör, du freches Ding, wenn ich melken muß, dann *kann* ich das eben, verstanden?»

«Mal sehen», mault es, denn es ist ein inneres Stimmchen, das immer das letzte Wort haben will.

Armin und Fränzi füttern im zweiten Stall. Susi hilft mir mit der störrischen Ziege. Es wird ein Boxmatch, bis wir herausfinden, wie man eine störrische Ziege behandelt. Susi hält sie an ihren Hörnern fest, gemeinsam drücken wir sie gegen die Futterkrippe. Nun steht sie ruhig. Ich halte ein Schüsselchen unter ihr Euter, versuche die Zitze mit eingebogenem Daumen so zu bearbeiten, wie Olimpio dies tat.

Nichts.

Das heißt doch. Die Ziege steht mit dem einen Bein im Schüsselchen.

Ich stehe ächzend auf. Milch melkt man nicht in schmutzige Geschirre, gehe das Schüsselchen waschen.

Versuch Nummer zwei. Susi packt sie bei den Hörnern, wir stemmen sie gegen die Krippe, ich rede ihr gut zu, halte das Schüsselchen unter, knete an ihrer Zitze. Da setzt sie sich schlicht und einfach hin. Aufs Schüsselchen.

Das hundsgemeine innere Stimmchen kichert hundsgemein. Susi auch.

Ich halte mein eines Knie unter den Ziegenbauch, stelle das Schüsselchen zurecht.

«Bitte, bitte, sei nun lieb», sage ich zähneknirschend, drücke an der Zitze . . .

«Susi, es geeeht, hör, wie die Milch spritzt.»

«Ich höre *gar* nichts», sagt Susi.

Aber im Innern meines Ärmels ist es schön warm naß. Die erste Milch, die ich zu melken imstande war, ist in meinen rechten Ärmel geflossen. Aber nur ein bißchen. Die Ziege ist nun so versöhnlich gestimmt, daß sie stehenbleibt und mich ihre Zitzen leeren läßt. Und diese Milch wird Maxli bekommen, der immer noch Durchfall hat. Aber über den Daumen kann ich nicht melken, bloß ganz gewöhnlich. Hauptsache, daß es geht.

Susi und ich treten aus dem dunklen, warmen Stall ins Freie. Armin und Fränzi krümmen sich vor Lachen. Wir sähen aus wie zwei Wildschweine, die sich im Ziegenmist gesuhlt haben – finden die. Aber die haben gar nichts zu sagen, die können schließlich nicht melken!

Das innere Stimmchen aber, das schweigt beleidigt.

Drei unserer Tiere – es sind «unsere» geworden, wir haben ihnen eigene Namen gegeben – sind hochträchtig. Und wirklich, eines Morgens springen im ersten Stall zwei Kleine herum. Das eine ist gemsfarbig – natürlich taufen wir es «Gemsli» – das andere ist schwarz wie alle seine Kusinchen. Wir binden ihm ein weißes Schnürchen ums Bein.

Im zweiten Stall liegt die hinterste Ziege links am Boden.

«Da stimmt etwas nicht», sagt Fränzi, «sie hat hinten etwas Weißes.»

Das Weiße sind die hornfarbenen Spitzchen von zwei Kitzfüßen. Eine Stunde lang beobachten wir die Ziege. Sie preßt, aber die Füßchen bleiben wie sie sind. Ich steige seufzend bergab, um Olimpio anzurufen. Emilia ist am Telefon.

«Die hinterste Ziege links – wie meinst du das?»

«Eh, wenn ich in den zweiten Stall komme, die letzte Ziege auf der linken Seite.»

«Du bist ungenau», rügt Emilia. «Ist links die Seite gegen Rasco und rechts die gegen Briana?»

«Ja», brumme ich.

«Oh nein, oh nein», jammert Emilia. «Dann ist

es mein Carinining, die ist zum erstenmal trächtig. Und sie ist meine Lieblingsziege.»

Ich höre, wie sie aufgeregt mit Olimpio diskutiert. Währenddem versuche ich, «Carinining» ins Deutsche zu übersetzen. Ich glaube, «liebes kleines Liebchen» ist am präzisesten. Jener freundliche alte Herr aus Rasco, der Deutsch lesen kann, wird nun wiederum den Kopf schütteln. Er wird mich, wenn ich ihn nächstes Mal antreffe, darauf aufmerksam machen, daß ich hätte «Carininign» schreiben sollen – aber Dialekte sind leichter zu lesen, wenn man sie phonetisch schreibt. Ich habe zwar ein bißchen ein schlechtes Gewissen, wenn ich den Rat des freundlichen Herrn nicht befolge, hat er mir doch zu Weihnachten sechs Flaschen des wunderbarsten, besten aller italienischen Weine geschenkt: «Nebbiolo Giordano, Vendemmia 1971».

Emilia hat ihre Diskussion mit Olimpio beendet.

«Wir werden dir Michele raufschicken, da kommst du allein nicht zurecht.»

Ich steige heute morgen also das zweite Mal auf den Berg, bin kaum recht oben, als ein junger, bärtiger Mann an der Wegbiegung sichtbar wird. Er war soeben in Olimpios Kuhstall, um seine Kühe zu besorgen.

Michele verlangt Seife, schmiert sich bis zum Ellbogen ein, schaut sich das arme Carinining an, tastet über ihren geschwollenen Körper.

«Mhm», sagt er. «Das Köpfchen des Kitzes ist nach rechts abgedreht.»

«Nach Froda abgedreht», würde Emilia sagen.

Michele stößt die Beine des Ziegenbabys wieder in den Mutterleib zurück, greift selbst hinein. Die Ziege schreit, schreit so, wie ich es noch nie gehört habe. Ich halte sie um den Hals, stütze mein Knie unter ihre Vorderbeine, damit sie sich nicht hinlegt, streichle sie, tröste sie auf Schweizerdeutsch:

«Armes, liebes, kleines, ganz liebes Liebchen.»

Nach einer Weile schweigenden Tastens seufzt Michele auf.

«So, das wäre geschafft, der Kopf sitzt gerade.»

Er nestelt in seiner Hosentasche, bringt eine Schnur hervor, knüpft eine Schlinge, führt die Schnur in den Körper des armen Tieres ein, tastet. Auf seiner Stirn stehen Schweißperlen, das liebe Liebchen schreit seinen entsetzlichen Mutterschmerz in den Stall, ich tröste es, Michele zieht an der Schnur, kräftig und doch sorgsam. Das Köpfchen des Zickleins wird sichtbar, das Körperchen, Michele hält das ganze kleine Tier auf seinen beiden Händen.

«Ein Caprettone – ein Riesenzicklein, Kunststück, daß das arme Vieh Mühe hatte.»

Dann reibt er das Kleine mit Heu trocken. Wir verstauen es unter einem umgestülpten gerlo – Tragkorb. Zur Sicherheit bekommt das Carinining eine Penicillinspritze – vier Kubikzentimeter, eingespritzt über dem Euter.

«Nun wäre es gut, wenn du ihr noch einen halben Liter ‹Ving brulé› – Glühwein geben würdest.»

«Mit Wasser verdünnt, mit Zimt und Nelken und Zucker?»

«Unverdünnt, und nur mit Zucker.»

«Jawohl, Herr Doktor», sage ich. «Und vielen Dank auch.» Michele schaut sich im Stall um.

«Ihr müßt mehr Streu geben», sagt er. «Die Tiere dürfen nicht feucht stehen.»

«Jawohl, Herr Doktor», sage ich nochmals.

Ziegen produzieren Unmengen an Flüssigem und Böhnchen – und Streu ist keine mehr da.

Aber zum Glück habe ich für Pierino und meine Schafe einen tüchtigen Vorrat an Strohballen. Emilia hat mich zwar deswegen einmal gerügt, gesagt, eine richtige Bäuerin suche sich das Laub für die Streu der Tiere unter den Buchen- und Kastanienbäumen – kaufe nicht Stroh für teures Geld. Aber jetzt bin ich um mein Stroh froh.

Zum dritten Mal heute morgen gehe ich hinunter zum Haus, diesmal von Fränzi begleitet. Fränzi geht mit dem Bargei, dem Heu-Tragkorb, um einen ganzen Strohballen zu den Ziegen zu schleppen. Ich steige in den Keller, um den Glühwein für das Carinining zu bereiten. Oh weh, keinen Wein hat es mehr. Bloß noch den Nebbiolo Giordano des freundlichen Herrn aus Rasco. Ich zögere ein Weilchen. Dann höre ich wieder die Schreie des armen Tieres. Niemand wird's mir übelnehmen, wenn ich für eine geplagte Ziege die beste Flasche meines Kellers opfere. Sieben Deziliter mache ich heiß, nicht einen halben Liter. Letzteren trinkt das Carinining erst zögernd, dann mit zunehmendem Wohlbehagen. Den Rest, lieber Herr aus Rasco, den Rest trank Olimpios Ziegenhirt-Schwadron auf Ihr Wohl und auf das Wohl des Carinining.

Wenn Emilia wüßte, welchen Wein ich für ihre Lieblingsziege opferte, würde auch sie das Kreuz schlagen – nicht bloß ihr Bruder Olimpio wegen meiner Gartenstühle. Aber als Gegenleistung haben wir doch täglich ein Kesselchen voll übriger Ziegenmilch für unsern Maxli.

Am Abend ist unsere Arbeit am mühsamsten. Auch wenn wir noch so darauf bedacht sind, unsere Fütterungsarbeit frühzeitig zu beginnen, gibt es doch immer Unvorhergesehenes. Zum Beispiel liebe Leser, die sich durch den Schnee zu mir kämpfen, um ein zu Weihnachten erhaltenes Buch unterschreiben zu lassen. Der Weg hierher ist immer noch so mühsam, daß ich es nicht übers Herz bringe, sie nur ganz kurz am Gartentörchen abzuwimmeln. Fränzi brummt dann etwas, das unzweifel- und undamenhaft «Scheiße» heißt, Armin und Susi klappern lautstark mit Eimern.

«Also, wir gehen, komm bald nach, es eilt.»

Sie haben sich in ihre ziegenmiststinkenden Kleider gestürzt, ich plaudere lächelnd mit einem Herrn aus Solingen. Der Herr zieht seine Nase kraus. Ich entschuldige mich, daß sein nun von der Autorin signiertes Buch seine Bibliothek verstinken wird. Duft von echten Acquaverdetal-Ziegen. Der Herr ist so nett, daß er das lustig findet.

Am Abend bei den Ziegen verspätet sein, heißt sich durchzutasten im nachtdunklen Stall, durch brandschwarze Tiere. Haben wir alle Zicklein getränkt? Sind alle Euter leer? Wo ist der Tränkeeimer ohne Henkel stehengeblieben?

Die Taschenlampe wird nur in Notfällen gebraucht.

Meine Kumpel wissen es nicht, daß ich bei der Euterkontrolle oft ein paar Sekunden lang neben einer Ziege knie, mein Gesicht an ihren Leib gepreßt. Ich höre das Rumpeln und Glucksen in ihrem Bauch, rieche den warmen Geruch nach Ziege – der keineswegs derselbe wie Ziegenmist ist – und habe eine Vision:

Ich sehe mich nach neuester Mode gekleidet, mit gepflegt hochgetürmtem Haar, mit manikürten Händen in meinem früheren Geschäft stehen. Antike Möbel, herrliche Teppiche, glitzerndes, kostbares Kristall, handgewebte Seiden. Irgendeine Vernissage. Pelzmäntel, Champagner, Gobelin-

Getue, Küßchen da und dort, die öde Leere meiner Wohnung, wenn ich nachher heimgehe ...

Wieviel wohler ist es mir doch hier, auch wenn ich bloß Aushilfs-Ziegenbäuerin bin!

*

Familie Meier hat auch im Ziegenstall ihre eigene Fachsprache entwickelt, die außer ihr selbst niemand ohne entsprechendes Wörterbuch verstehen kann. Eine «leere Ziege» hat beinahe keine Milch mehr. Eine «ausgewundene Ziege» hat überhaupt keine mehr.

«Anhängen» tun wir die Zicklein ans Euter.

«Heuen» tut die- oder derjenige, der den schweren Heutragkorb vom noch weiter oben liegenden Heustall herunterträgt.

«Fluchen» tut derjenige, der das Feuer unterm Wasserkessel anfachen soll. Unser Gartenstuhl-Vorrat ist erschöpft, nun kratzen wir überall Hölzchen und Hölzer zusammen.

«Geschöppelt» werden die Zicklein, deren Rippchen man unter dem Fell fühlt, mit der restlichen ausgemolkenen Milch. Wir sieben sie und erwärmen sie im Tränkwasser.

Wir haben nebst dem Susi und der Susina – dem Suseli – die wirklich so heißen, Hausi, den Ziegenbock, das Einlampiöhrli und das Zweischlampiöhrli, die wilde Wildsau und die zahme Wildsau, das Gemsli, das Gescheite, das Viperli. Das Viperli hat ein Loch in der einen Zitze, weil es von einer Schlange gebissen worden ist. Sobald an der gesunden Zitze ein Zicklein saugt, tropft die Milch der zweiten auf den Boden. Weil wir an unsern Maxli denken, fangen wir sie mit dem Schüsselchen auf.

Ganz besonders besorgt sind wir um das Blindeli, ein blindgeborenes Zicklein, das für sich allein in einem ehemaligen Hundehaus verstaut ist, dessen Öffnung nun nach oben gekehrt ist.

«Il capretto cieco – das blinde Zicklein trinkt ganz wenig, sorgt euch nicht darum», hat Olimpio bei seinem Schnell-Instruktionskurs gesagt. Wir sorgen uns aber darum und hätscheln das arme, zutrauliche Tierchen speziell. Kamillentee und Wattebäuschchen werden jedesmal mitgenommen, die Augen werden sorgsam betupft und mit Augensalbe behandelt. Das Blindeli entwickelt einen täglich größeren Appetit, sein Fell, das leicht gelockt ist wie Persianer, wird seidenweich und glänzend.

«Was macht Olimpio wohl mit dem Blindeli?» fragt Fränzi besorgt.

«Er wird es töten und sein Fleisch verkaufen.»

Fränzi ist empört, hält das Tierchen wie beschützend in seinen Armen. Daß ein Teil des bäuerlichen Einkommens aus dem Fleischverkauf – also dem

Töten von Tieren – herrührt, ist für mich der einzige Stachel an der Blume dieser Lebensart.

Fränzi streichelt das Blindeli und kommt zum Schluß, daß ein Böuzmantu aus solchem Fell doch eine sehr schöne Sache sein müßte – wenn das Blindeli ja sowieso getötet werden muß.

Olimpio könnte uns die überzähligen Zickleinfelle verkaufen, und wir würden daraus zum Beispiel Hirtentaschen anfertigen. Das gäbe einen Verkaufsschlager für unsern Botteghino.

Die Ziegenarbeit hat unsere Lädeli-Projekte in den Hintergrund gerückt. Trotzdem spukt es aber nach wie vor in unsern Köpfen. Sobald Olimpio wieder gesund ist, werden wir unsere Textilproduktion wiederum aufnehmen. Wir kommen zur Erkenntnis, daß die Besorgung unserer Tiere und Odivios Schafe sozusagen Ferien seien. Unzählige Spinn-, Strick- und Bastelstunden stünden dann wiederum zur Verfügung. Wir teilen unsere Erinnerungen ein in die «Zeit vor den Ziegen» und planen, was wir alles tun werden in der «Zeit nach den Ziegen». Unvorstellbar, wieviel Zeit wir dann für alles mögliche haben werden.

Armin wird uns morgen früh verlassen. Am Nachmittag beginnen seine Prüfungen!

«Ich werde Ziegenkäse in Zukunft nur noch schweigsam und in tiefer Ehrfurcht essen. Der einzige Grund, weshalb noch niemand – wenigstens meines Wissens – den Arbeitsaufwand der Ziegenhaltung beschrieben hat, ist bestimmt der, daß einem Ziegenbauern die Zeit zum Schreiben einfach fehlt!»

Neuerdings kommt zu unserer Arbeit noch hinzu, daß uns das Heu ausgegangen ist. Emd wäre noch da, aber Olimpio betont, daß wir dieses auf gar keinen Fall verfüttern dürfen. Emilia, die wiederum einigermaßen auf den Beinen ist, schleppt Heuballen zur Seilbahn-Talstation, wir ziehen sie herauf, Fränzi lädt sich einen Ballen auf die Schultern und trägt ihn wie ein chinesischer Kuli keuchend zum Stall. Die Ballen sind zwischen zwanzig und dreißig Kilogramm schwer. Sechsmal geht sie zum Stall, springt selbst wie ein Zicklein wiederum zurück, mault kein bißchen über die schwere Arbeit, sagt bloß:

«Ziegenbäuerin werde ich meiner Lebtag nicht, aber ich bin jetzt eben euer Pierino.»

Liebe Freunde, da muß ich ein fürchterliches, furchtbares Geständnis machen: Pierino hat uns vollständig und total im Stich gelassen. Seit dem ersten großen Schneefall ist er nicht mehr zu bewegen, weiter als vom Stall bis zum Brunnen zu gehen. Weil ich für sein eseliges Verhalten ja immer eine Entschuldigung habe, ist auch hier eine vorhanden:

Als Odivio einigen seiner Schafe die Klauen

schnitt, weil sie hinkten, bat ich ihn, mir auch bei Pierinos Hufeschneiden behilflich zu sein. Daß er auf frisch geschnittenen, glatten Hufen eher auf dem vereisten Boden ausgleitet – und Pierino ist sehr, sehr vorsichtig –, ist erklärlich. Ich habe daraus gelernt, daß Pierinos Hufe in Zukunft zwischen Herbst und Frühling nicht mehr berührt werden dürfen.

Er führt nun also sein völliges Pascha-Leben, ärgert hie und da Kitti und Kätti, hat sich sehr mit Maxli angefreundet, beißt, wenn es geht, Fränzi und Susi. Ja, und dann tut er noch etwas, aber das darf ich nur ganz, ganz leise sagen, vielleicht ist der Herr Setzer so gut und verwendet dazu kleinere Buchstaben:

Er säugt Maxli.

«Wo?» wollte Fränzi wissen, als ich diese erstaunliche Tatsache beim Frühstück verkündete.

«Eh, du Babeli», klärte Susi Fränzi auf. «Wo er doch ein Männchen ist.»

«Ahaaa», tönte es von Fränzis Seite – und ein paar Minuten später verschluckte sie sich am Frühstückskaffee, so mußte sie lachen, als ihr das Lichtlein endlich aufging.

Ich bitte um Verzeihung, wenn ich die Geschichte von Olimpios Ziegen unterbreche, um das Idyll zu beschreiben, in welchem diese Seiten entstehen:

Unser Maxli macht uns Probleme. Er ist zwar quietschvergnügt, tollt mit seinen etwa gleichaltrigen Gespännlein im Schafstall herum, aber auf die Weide will er nicht. Ein einziges, steiles Wiesenstück ist aper geworden. Bei Kitti und Kätti mag Maxli nicht bleiben. Er ist noch so klein, daß er sich durch all die Zäune quetschen kann und steht dann jammernd und schimpfend am Gartentor.

So nehme ich denn meine Schreibmaschine wieder einmal unter die Arme, sitze wie der verwöhnteste Kurgast von Arosa an eine Stalltüre angelehnt und schreibe in der strahlenden Märzensonne. Bona liegt zu meinem Füßen, Maxli mümmelt zufrieden an Strohhälmchen, die auf der Stalltreppe liegen. Pierino wälzt sich quietschvergnügt auf dem kleinen Stückchen Wiese, das wir für ihn freigeschaufelt haben; Kitti und Kätti, schwer und unförmig geworden, liegen wiederkäuend im Schatten; Fritzli strengt sich ungemein an, um die vollbeschriebenen Seiten umgehend in möglichst kleine Fetzchen zu zerreißen. Weil ich mich auf jedes Blatt aber sofort draufsetze, sind seine Bemühungen relativ zwecklos. Relativ. Ich weiß jetzt schon, daß Susi schmunzeln wird, wenn sie sich ans Abschreiben macht.

Schreiben ist in unserm ungeheuren Arbeitsprogramm eingeplant wie «Ziegenstall misten» und «Schafe tränken». Ich schreibe den ersten Entwurf, wenn wir bei den Ziegen fertig sind, Susi schreibt ihn ab nach dem Mittagessen.

Nun kommt Seppli mit seinen drei Frauen anstolziert, hintendrein watschelt Mathilde. Solange die Touristenzeit nicht begonnen hat, können sie frei herumlaufen. Sie folgen dem schmalen schneefreien Streifen der Mauer entlang und picken in Pierinos Wiese herum. Sie sind so frühlingshungrig wie wir. Vorgestern hat es wiederum zwanzig Zentimeter geschneit. Olimpio, der alle Schnee-Niederschläge seit dem elften Januar gemessen hat, ist nun auf die erschreckende Zahl von vier Metern und achtundfünfzig Zentimetern gekommen!

Aber sei es, wie es wolle: Drei Tage nach Beginn unserer Ziegenhirt-Hilfsaktion fanden wir auf dem Weg zu Olimpios Ställen drei Primeln. Am nächsten fünf. Dann waren sie wiederum unterm Schnee begraben. Heute morgen aber kamen wir bei unserer Zählung bereits auf elf Blümchen. Ich zähle viel, viel lieber Primeln als Schneemeter!

Und ich lechze nach Grün. Wie werde ich glücklich sein, wenn die große Wiese beim Fluß wiederum grün ist, jene Wiese, die früher der Waffenplatz der Gemeinde Froda war und deshalb auf den Karten immer noch «piazza delle armi» heißt – und die vor ein paar Jahren zum Fußballfeld umfunktioniert wurde. War ich damals zornig, als ein Bagger die einzelnen großen Steine wegschob, als man die beiden Gestänge der Tore aufstellte und – Schreck aller Schrecken – ein Klo aus Zinkblech, schräg in den Himmel ragend, hinpflasterte an den Rand meines Flusses.

Ich lechze so nach Grün, daß ich glücklich bin, weil das Klo und die Fußballtore wieder aus den Schneemassen auftauchen. Eine Hälfte sichtbares Fußballtor bedeutet schließlich, daß nur noch ein guter Meter Schnee auf der Wiese liegt. Ich sehe, daß dieser Winter mich ungemein bescheiden und dankbar gemacht hat. Dankbar für ein bißchen Grün. Ich werde dabei sein, wenn die Fußballmannschaft von Froda Valle und Froda Piano gegen die Mannschaft von Briana spielt. Es gibt da ganz besondere fixe Regeln. Während der ersten Halbzeit spielen die Senioren. Und *wie* sie spielen! Kein Bauch zu dick, kein Atem zu kurz, um bei dieser entscheidenden Schlacht dabeizusein. Das Publikum rast, ruft bravo, es gibt Goals und Eigengoals und Offsides und alles Mögliche. Der Spielstand am Ende der ersten Halbzeit ist eher ungewiß. Die Zuschauer von Briana behaupten, es sei vier zu fünf für Briana, diejenigen von Froda plädieren für drei zu zwei für Froda. Aber das sei nicht so wichtig. Nun folgt die zweite Halbzeit. Offenbar gehen die Uhren der Schiedsrichter nicht genau richtig, denn nun spielen die jüngeren Männer gegeneinander – einfach so lange, bis einer nach dem andern sich ermattet an den Rand des Spielfeldes setzt und sich dem Bravorufe-Chor der übrigen Zuschauer zugesellt. Lauter ermattete Spieler gleich Ende der zweiten Halbzeit und gleich Beginn der dritten, entscheidenden Halbzeit: Junioren gegen Junioren.

Ich glaube kaum, daß ich mir Feinde schaffe, wenn ich behaupte, daß für Tessiner Fußballspielen etwas Ähnliches ist wie Musizieren. Sie versinken darin – ob sie nun Spieler oder Zuschauer respektive Zuhörer sind; sie steigern ihre Begeisterung um der Begeisterung willen. Das Ende vom Lied und vom Fußballmatch ist, daß man sich vielleicht über diesen oder jenen Spieler ereifert, Hauptsache aber: Man war dabei und hatte einen Riesenplausch.

Im Falle des Fußballmatches Briana gegen Froda geht der Plausch allerdings noch weiter. Fans und Spieler pilgern gemeinsam zur andern Seite des Flusses, auf die Festwiese, die «Ai Lars – ai Larici – bei den Lärchen» heißt. Und während ich dies schreibe, sehne ich mich nach den ersten grünen Schleierchen dieser schönsten aller Lärchen, die verstreut auf dieser Wiese stehen und schon so viele Lieder gehört und soviel Duft von Barbecue gerochen haben.

«Barbecue» so typisch amerikanisch es ist, ist jedem Tessiner Kind, auch wenn es noch gar nicht zur Schule geht, ein Begriff. Die ausgewanderten und wieder heimgekehrten Tessiner haben die Rezepte mitgebracht. Die Fleischstücke sind nach amerikanischem Vorbild riesig, die dazugehörigen Saucen scharf, die Salate von verschwenderischer Auswahl. Ich weiß es schon jetzt, im nächsten Sommer werde ich keinen einzigen Barbecue «bei den Lärchen» auslassen. Ich werde nicht nur zu demjenigen der Fußballclubs gehen, auch zu demjenigen der Sozialistischen und demjenigen der Konservativen Partei, zum Barbecue der Ziegenzüchter und der Schafhalter, zum Barbecue der Familie Besomi, die alle zwei Jahre eine Familientagung in Froda abhält und – «Barbecue bei den Lärchen» macht. Denn bei all diesen Veranstaltungen sind «simpatizzanti benvenuti» – Sympathisanten willkommen. Man bezahlt einen Beitrag, der knapp die Unkosten deckt, ißt, lacht, singt, tanzt. Nein, ich *darf* den Barbecue in Froda nicht mit *zu* begeisterten Worten schildern, sonst kommen zu viele Touristen, die ja immer auch «Sympathisanten» sind.

In meinem Hirn aber mottet der Gedanke, bei den Lärchen einen Barbecue zu machen zur Feier des Winterendes. Bloß – wann, *wann* wird das sein? Die Alten im Dorf erzählen von einem Jahr irgendwann anfangs des neunzehnten Jahrhunderts, wo die Kirschbäume im September zu blühen begannen!

So schlimm scheint es aber diesmal nicht zu werden. Mein Hamamelis-Strauch mindestens, der blüht. Der Schnee hat einen Teil seiner Äste freigegeben. Sie waren übersät mit offenen Blüten! Die Forsythien-Knospen aber sind noch winzig klein. Susi macht eine aufregende Entdeckung: Am Rand der Schneckenmauer, die gute vier Meter über Boden ist, blüht still und unbemerkt ein ganzes, großes Kissen voller Schneeglöckchen. Und zentimeternah nebendran liegt noch mehr als ein Meter Schnee!

Weil Susi von der Schneckenmauer redet, muß ich meine Schneckengeschichte erzählen:

Schnecken sind eine Tierart, die gewiß in Tierbüchern viel zu kurz kommt. Meine Schneckengeschichte muß aber erzählt werden, schon weil Susi behauptet, so etwas könne eben nur ich tun. Ich muß dazu aber weit ausholen:

Es gibt ein Tessiner Thema, das ich bis jetzt nicht erwähnt habe – die Entvölkerung der Täler, der traurige Anblick vieler unbewohnter Häuser. Früher wanderte die Jugend aus – weit nach Übersee. Überall in der Welt sind die Tessiner zerstreut. Darüber zu schreiben fand ich müßig. Das müssen Tessiner Schriftsteller tun, die sich zum Teil an diese schweren Zeiten erinnern, die die Alten deswegen befragten – aus deren Erinnerungen schöpfen, in Heimwehbriefen kramen.

Auch heute geht diese Entvölkerung weiter. Gottlob nicht mehr infolge Aus- aber doch durch Abwanderung. Es gibt zu wenig lukrative Arbeitsplätze für die jüngere Generation. Wer will schon Bauer sein an einem Ort, wo Maschinen kaum eingesetzt werden können?

Es gibt viele Institutionen, die ihr menschenmögliches tun, um neue Impulse für Erwerbsmöglichkeiten in den Tälern zu suchen – zu prüfen. Da sind zum Beispiel die Kulturen von Riesenheidelbeeren, die durch eine große Detailhandelsfirma finanziert werden, man erwog auch schon die Möglichkeit der Errichtung einer Hühnerfarm für Freilandhennen. Ich stürze mich voller Schwung und Elan auf jede Anregung, komme mir vor wie die Außen-Prüfstation für alle möglichen und unmöglichen Verdienstarten. Unser Tierarzt und seine Frau wissen das. So kam es, daß ich auch Weinbergschneckenzuchtforscherin wurde. Herr und Frau Tierleindoktor übergaben mir eines Tages im heißesten Juli eine Kiste mit Gitterdeckel, enthaltend sechsundfünfzig Weinbergschnecken sowie Salatblätter. Dazu ein Buch über «erfolgreiche Schneckenzucht». Sie wissen es längst, daß ich mich gerne theoretisch auf meine sehr vielfältigen Aufgaben vorbereite.

Hier tat auch die praktische Vorbereitung sofort Not, denn die Schnecken schienen sich in ihrer Kiste nicht besonders wohl zu fühlen. Sie fraßen kaum.

Schnecken brauchen ein Gehege mit einem vierzig Zentimeter hohen Maschenzaun, der am oberen Ende so gebogen wird, daß sie ihn nicht überkriechen können. Mein eiligst herbeigerufener Bruder Luzi fertigte den Zaun gemäß Vorschrift innerhalb einer Rekordzeit an. Die Schneckenzucht lag hinter der Stützmauer meines Gartens, wobei die Mauer eine Seite des Geheges begrenzte.

«Mauern brauchen sie, um sich bei großer Wärme darin zu verkriechen», dozierte Luzi.

Im Buch stand allerdings davon nichts – aber ein anderes Gelände als das an die Mauer grenzende hätte ich auch nicht zur Verfügung gehabt.

Wir setzten die sechsundfünfzig Schnecken also aus und wünschten ihnen und uns alles Gute. Luzi zog nach getaner Arbeit wieder ab.

Am anderen Morgen konnte man Kathrin Rüegg sehen, wie sie im hohen Gras des Geheges Schnekken suchte, zwecks Zählung. Dabei zertrat sie trotz aller Vorsicht zwei der kostbaren Tiere. Somit hätten es also noch vierundfünfzig sein sollen. Sie fand aber bloß dreizehn!

Den Kopf am Boden suchte ich nach den übrigen einundvierzig Schnecken und merkte lange nicht, daß diese sich in den Ritzen der Stützmauer verborgen hatten, teils hoch über mir sehr vergnügt davonkrochen, teils in einem Mauerwinkelchen vor sich hindösten. Die längste Leiter mußte ich von Odivios Heustock herschleppen, um die Ausreißer wieder einzufangen. Emilia ging, wie könnte es anders sein, natürlich ganz genau in dem Moment an mir vorbei, als ich auf der obersten Leitersprosse stand und ein waghalsiges akrobatisches Manöver vollbrachte, um eine dieser verd ... – pardon, Fränzi könnte es lesen – Dinger wieder einzufangen.

«Was tust du denn um Himmels willen – per l'amor di dio – hier oben? Ist die Mauer defekt?»

«Nein, ich fange Schnecken.»

«Hör, ich bin eine über sechzig Jahre alte Frau. Es ist ungezogen, mir derart patzige Antworten zu geben.»

«Halt bitte die Leiter einen Moment.»

Emilia war so lieb, daß sie es trotz ihrem Unmut tat.

«Da, wenn du glaubst, daß ich dich auf den Hut nehme.»

Ich hielt ihr eine schöne, große Schnecke vor die Nase. Emilia schaute die Schnecke an, dann mich, dann wieder die Schnecke. Sie nahm ihren Heurechen, ging grußlos weiter. Ich wußte, sie war tief bekümmert über meinen offenbar defekten Geisteszustand.

In der darauffolgenden Nacht hatte ich einen

grauenhaften Traum. Die Schnecken vermehrten sich in den Mauerlöchern derart, daß kleine Schnecklein meinen ganzen Garten überzogen, in einem breiten Strom zum Fluß hinunterkrochen, so zahlreich im Wasser ertranken, daß sich ein Stausee bildete, in dem ganz Froda langsam, langsam versank . . .

Anderntags führte ich trotzdem meine Schnekkenzählung und daraufffolgende Jagd durch. Der Sollbestand nach langen Anstrengungen betrug schließlich noch acht Stück.

Mein Forschungsbericht an den Tierarzt lautete, daß sich das Klima von Froda nicht zur Weinbergschneckenzucht eigne.

Eigenartig ist bloß, daß ich seither jedes Jahr im Herbst Leute hinter meinem Haus antreffe, die, mit Säcklein versehen, auf Schneckensuche gehen. Ich schließe daraus, daß die Schneckenrasse, die mir der Herr Doktor übergab, eine Wildschnecke sein muß, die sich nicht zähmen läßt. Von weiteren Versuchen möchte ich aber trotzdem absehen.

Mit meiner Schneckenzucht wurde also nichts. Das Denkmal, das ich mir selbst als Förderin neuer Wirtschaftszweige im Acquaverdetal setzen wollte, bleibt ungebaut.

Wenn ich durch die Gemüsefelder der Magadino-Ebene fahre, die riesigen Salat-, Tomaten-, Zucchettipflanzungen sehe, frage ich mich oft, wer wohl ursprünglich auf die Idee dieses Erwerbszweiges gekommen ist. Auch dort hat irgendwann einmal einer sich den Kopf über ähnliche Probleme zerbrochen wie ich heute hier. Vielleicht waren es auch ein paar verschiedene. Wenn man nicht mehr genau weiß, wessen Kopf der zündende Tomaten-Funke entsprang, könnte man doch vielleicht dem «Unbekannten ersten Gemüsepflanzer» ein Monument errichten – und gleichzeitig tief dankbar sein, daß wir in der Schweiz keines für «Unbekannte Soldaten» brauchen!

*

Die neue Ära «nach den Ziegen» ist angebrochen. Die restlichen Mitglieder der Familie Meier, Frau Meier, Susi Meier und Fränzi Meier, trauern Armin Meier nach. Das männliche Element in unserm Weiberverein fehlt. Armin hat vor, Ende März wiederum zu uns zu kommen, wenn auch bloß übers Wochenende. Aber er möchte bei der Geburt unserer Lämmer dabeisein. Die Körperformen von Kitti und Kätti versprechen uns zahlreichen Nachwuchs. Bei Milchschafen sind Zwillinge oder Drillinge die Regel. Ich habe mich bemüht, die beiden werdenden Mamas optimal zu füttern, aber beileibe nicht zu mästen, damit die Lämmchen nicht zu groß werden. Wenn das Wetter es erlaubte, machte Susi mit ihnen einen Spaziergang bis zum Fluß, um ihnen Bewegung zu verschaffen. Neuerdings übernimmt nun Fränzi dieses Amt, weil Susi sich das Knie verrenkt hat – beim Ziegenmelken! Sie wollte ihre neuerworbenen Melkerkenntnisse anwenden, kniete irgendwie verdreht neben der Wildsau nieder, diese schlug ihre Hörner an Fränzis Mund, ihre Hinterbeine an Susi. Susi flog davon. In den Mist. Fränzis einer Vorderzahn wackelt, Susi hat einen leichten Meniskus. Ich brüte über dem Formular der Unfallversicherung, um den Unfallhergang zu beschreiben.

Fränzi tröstet mich, daß derselbe Zahn schon einmal gewackelt hat. Damals waren die Ursache Hiebe, weil es ungehorsam war. Jenen Unfallschein auszufüllen, muß noch schwieriger gewesen sein!

Olimpio geht nun wieder zu seinen Ziegen. Er ist mager geworden, hat einen dreiwöchigen grauen Stoppelbart. Sein Schritt ist langsam. Oft ruht er sich ein Weilchen aus. Er tut uns leid, wenn wir ihm mit seinem hochbeladenen Heutragkorb begegnen.

Streit haben wir auch mit ihm. Olimpio möchte unbedingt eine Rechnung für unsere Arbeit. Wir wollten ihm keine machen. Es ist doch selbstverständlich, daß man einander hilft.

«Wenn du mir keine Rechnung machst, dann

werde ich nie mehr ein Wort mit dir reden», droht Olimpio.

«Also gut, du wirst deine Rechnung bekommen – erschrick aber nicht!»

Wir basteln folgendes Dokument, damit «Olimpio weiterhin mit mir spricht»:

*

PRO OLIMPIO
Hilfskomitee für windverpockten Ziegenbauer Froda

Gentile Signore
B . . . Olimpio
7733 Froda / Tessin

Rechnung für folgende Bemühungen:

Armin Meier	Schweißtropfen	789
Fränzi Meier	Abnützung Gummistiefel	stark
	Löcher in Socken	3
	Wacklige Zähne	1
Susi Meier	Kaputte Knie	1
Frau Meier	Flüche	13,8
	zerrissene Hose	1
für alle	Waschpulver Pakete	3
	Seifen Stück	2
	Shampoo Flaschen	1,5

Glühwein für Carinining	Liter	0,5
Kamillentee für blindes Zicklein	Säckchen	15
Spezialpreis für Olimpio:	Ziegenmilch für Maxli Zickleinfelle von beidem das, was nicht anderweitig gebraucht wird.	

Con distinta stima
Famiglia Meier

*

Olimpio entfaltet unsere Faktur, liest sie, lacht, sagt, sie sei sehr schön – aber zu bescheiden. Milch für unsern Maxli werden wir bekommen, die Zickleinfelle auch, dann nestelt er an seiner Tasche, bringt zusammengeknüllt einige Banknoten hervor, drückt sie mir in die Hand.

«Das mußt du nehmen, basta!»

Er kehrt sich so schnell um, daß ich nicht mehr protestieren kann, geschweige denn danke schön sagen. Große Frage: Was tun wir mit dem Geld?

Entscheid des Komitees PRO OLIMPIO: Wir kaufen uns alle denselben blauen Hirtenkittel. Einen schönen mit gestickten Rändchen.

Dann sieht man hundert Meter gegen den Wind, daß wir eine nette Familie sind!

Maxli, der immer noch Durchfall hat, bekommt nun zweimal täglich die restliche Milch von Olimpios Ziegen. Unsere bisherige Arbeit nimmt wiederum den geregelten Lauf. Ich sitze endlich wieder ein paar Stunden an der Schreibmaschine. Fränzi poltert an meine Türe. Man darf mich nur bei sehr wichtigen Problemen stören, das weiß sie.

«Was ist?»

«Du, der Maxli ist endgültig über dem Berg.»

«Wieso?»

«Er scheißt Böhnchen!»

So wie unser Maxli wegen seiner Böhnchen über dem Berg zu sein scheint, so ist auch unser Fränzi schon ein ganz ordentliches Bergstück aufwärts gestiegen. Sie hat ihre entsetzliche Raucherei aufgegeben, Susi und mir zuliebe, weil wir als Nichtraucher unter ihrer Pafferei zu leiden begannen. Fränzi inhalierte den Rauch bis in die untersten Lungenspitzen, deshalb muß ihr tapferer Entschluß ihr einiges zu schaffen gemacht haben.

Eine Woche lang lag ein angefangenes Päckchen auf dem Kaminsims. Da machte es «gling». Das war die Registrierkasse der Himmlischen Buchhaltungsabteilung, die eine erste winzig kleine Schulden-à-Konto-Zahlung meinerseits verbuchte.

Fränzis Begeisterung für möglichst laute, möglichst elektronische, für meine Nicht-Pop-und-Rock-gebildeten Ohren fürchterliche Musik war kaum zu bremsen – bis wir eines Abends eine Fernsehsendung, die Fränzi auf keinen Fall verpassen wollte, mit ansahen. Mein Trommelfell schmerzte, aber ich hielt ihr zuliebe durch. Fränzi bebte vor Wonne, je lauter die Schlagzeuge dröhnten.

Dann wurden die Musiker interviewt.

«Was bedeutet Ihnen Ihre Art zu spielen?»

Der Kaugummi malmende Jüngling, der die elektronische Gitarre traktiert hatte, antwortete:

«In der Musik können wir alle unsere Aggressionen abreagieren, unsern Zorn gegen die ganze Welt, gegen die Erwachsenen, unsere Wut, daß wir arbeitslos sind, daß Haschisch nicht frei verkauft wird . . .»

Unvermittelt stand Fränzi auf und stellte den Apparat ab.

«Idiot, das. Der sollte einmal zu uns kommen, wochenlang Schnee schaufeln, Heuballen in der Gegend herumschleppen und Holz fürs Ziegentränkewasser sammeln. Dem würden die Aggressionen und die Wut vergehen, verdammt nochmal.»

Ich vergaß, sie wegen ihres Fluchens zu rügen, weil die Himmlische Buchhaltungskasse diesmal zweimal klingelte.

*

Bei Familie Meier ist es Brauch, daß zum Sonntagsfrühstück abwechslungsweise einer eine Schallplatte, die ihm besonders gut gefällt, auflegt. Jener Sonntag, an dem Fränzi sich nicht eine Dudelmusik, sondern Mozarts Flötenkonzert in G-Dur aussuchte, war ein Freudentag für mich, auch wenn der Hefezopf, den sie zur Feier des Tages gebacken hatte, ungenießbar war.

Das arme Kind. Ich glaube, solange sie bei mir ist, werden wir sie deswegen immer wieder frotzeln.

Fränzi ist ungemein stolz auf ihre Kochkünste. Sie notiert sich meine Rezepte, hat selbst schon einige. Ihr absolutes Prunkstück ist Hefezopf – mit einem speziellen Trick: sie läßt die Butter braun werden.

Wir hatten Wochenend-Besuch. Fränzi verteilte den beiden Damen ihr Rezept, machte sich dann ans Backen. Sie schüttelte den Kopf, als sie den Teig versuchte.

«Ich weiß nicht. Er schmeckt irgendwie komisch.»

Sie flocht den Teig zum Zopf, bestrich ihn liebevoll mit Eigelb – mit Gänseeigelb, denn unsere Mathilde begann zu legen. Der schön gebräunte Zopf sah seltsam rustikal aus. Nicht so, wie wir es gewohnt sind.

Unsere Bäckerin verglich ihr Rezept mit demjenigen, das sie unsern Besucherinnen geschenkt hatte. Sie stimmten überein.

Der Geruch, der dem Backofen entströmte, war seltsam, das Fertigprodukt auch. Wir versuchten den Zopf zu zerschneiden. Es brauchte eine Axt dazu. Innendrin war er grau.

«Wo hast du denn das Mehl hergenommen?»

«Eh, aus dem Schopf, wo immer, aus dem aufgehängten Sack.»

«Zeig mal.»

«Da, aus dem hab ich es genommen, ganz sicher – äh – oder aus dem nebendran?»

Wir hatten kürzlich Frühlings-Aufräumungsarbeiten gemacht und den Mehl- und den Gipssack friedlich nebeneinandergehängt.

Die Familie Meier ist nun in der Lage, zu bestätigen, daß aus Gips gebackener Hefezopf sich höchstens als Grundstein eignet.

«. . . oder um dumme Köchinnen totzuschlagen», ergänzt Fränzi.

Aber so bösartig sind wir nun auch wieder nicht.

*

Der Schnee weicht. Ganz, ganz langsam. Aber doch. Aus dem Garten haben wir die letzten Reste weggeschaufelt, damit es schneller grün wird.

Dann haben wir begonnen, den Mist unserer Tiere herauszuschleppen, wiedermal Pierino zu spielen.

«Moooment, Moment mal. Jetzt hat es auf dem Weg keinen Schnee mehr. Her mit dem richtigen Pierino!»

«'schoudigung, Pierino», sagt Fränzi, zieht ihm das rote Halfter über den Kopf, staubt das hübsche Bastsättelchen ab. Wir binden zwei der mistschweren Eimer zusammen, hängen sie rechts und links über den Sattel.

«Hü!»

Pierino übt Denkmal.

«Sag ‹vorwärts›, wie zu einem Reitpferd, nicht ‹hü› – dafür ist Pierino doch zu vornehm.»

«Also, halt nochmal 'schoudigung, Pierino, und jetzt vorwärts!»

Pierino setzt sich in Gang, trägt Fuhre um Fuhre vom Stall zum Garten. Je schwerer die Kübel sind, desto schneller läuft er, bekommt hie und da eine Rübe und macht wahrhaftig ein Gesicht, als ob die Arbeit ihm gefiele.

Wer wen anspornt, ist nicht so klar. Möglicherweise ist einfach der Frühling, der vor der Türe steht, an unserer Arbeitswut schuld. Wir düngen nicht bloß, wir setzen auch den Komposthaufen um, geben lagenweise Schaf-, Hühner-, Kaninchen- und Eselmist hinein, so sorgsam, wie Fränzi Füllung in den Schokoladenkuchen streicht. Wir planen, hier Gurken zu ziehen, freuen uns. Freuen uns auf Frühling, auf Sommer, auf Wärme, sind schließlich mist- und schweißverschmiert, todmüde – aber sooo zufrieden.

Fränzi setzt sich trotz aller Müdigkeit noch an den Tisch, um zu schreiben. Meine eigene Schreiberei hat sie angesteckt. Sie macht ein Koch-Tagebuch, notiert ihre Gedanken und meine Rezepte kunterbunt durcheinander, würzt das Ganze mit ihrer sehr persönlichen Orthographie. Ich sehe schon Susis Schmunzelgesicht, wenn sie einige ausgewählte Seiten davon abschreibt – als Anhang zu meinem Manuskript.

Für mich selbst bleibt nur noch etwas zu erzählen übrig. Der geplante «Höhepunkt unseres Winters», die Geburt von Kittis und Kättis Lämmchen war erreicht.

Schafe sind liebe, sanfte, Milchschafe sind zudem zärtliche Wesen – aber hinterlistig sind sie auch. Vier Tage vor dem von Lotti errechneten Termin fand Susi eines Morgens Kitti mit zwei Lämmchen vor. Zwei zerbrechlichen Dingerchen auf wackligen, staksigen Beinen. Beides Mädchen. Welches Glück im Stall!

Bei Kätti aber, da wollten wir die Geburt nicht verpassen, unbedingt dabeisein. Armin meldete seinen Besuch an, wir teilten Stallwachen ein – und abends waren auch Kättis Kinder ohne uns geboren. Nochmals Zwillinge, ein Böckchen und ein Mädchen.

Eines der Kitti-Lämmchen starb. Der Untersuchungsbericht der Todesursache steht noch aus. Wahrscheinlich hat das Tierchen Fruchtwasser eingeatmet. Nächstes Jahr muß ich eine viel, viel vorsichtigere Hebamme sein und mein Nachtlager und mein Tagewerk, beides in der Nähe der Schafe haben.

Lehrgeld habe ich jetzt bezahlt.

Zum Trost der gesamten betrübten Familie Meier trinken wir jedes ein Schnapsgläschen voll Schafmilch. Wir schlürfen sie, drehen sie mit der Zunge im Mund herum, schlucken sie tropfenweise, heben den Kopf, streichen über den Bauch.

So gut ist Schafmilch.

Susi präzisiert: «Schafmilch ist wie Kuhmilch mit einer kleinen Prise Zucker und etwas Rahm drin. Und ein ganz, ganz kleines bißchen hat sie Mandelaroma.»

Wie wird wohl Schafbutter sein und Schafkäse?

Wir freuen uns auf unsere Pröblereien. Aber vorläufig ist es bloß Vorfreude. Die Milch gehört nun den Lämmchen. Die drei wachsen rasend, sind nun drei Wochen alt und schon so groß, wenn auch nicht so schwer, wie der um einen Monat ältere Maxli. Der hat nun die ihm gemäßen Spielkameraden. Jeden Tag dehnen sie ihren Weidgang ein bißchen weiter aus. Der Schnee zieht sich zurück, die Wiesen grünen.

Unser Vorrat an Schals, Mützen, Pullover, Westen, Kissen, Pelztieren für den Botteghino ist so groß, daß wir kaum mehr wissen, wo wir ihn unterbringen sollen. Die Textilfabrik Froda Ost schließt ihre Tore, denn die Liste der nun möglichen Frühlingsarbeiten wird jeden Tag länger. Bald wird auch der Schnee im Pfarrgarten geschmolzen sein. Dort ist ein Stück Land noch nicht gerodet.

Den Hühnerstall müssen wir ausmisten, Blumenkistchen vorbereiten und Beerensträucher und Obstbäume pflanzen. Der Hof für Mathilde und die Truten wird erweitert, die Zäune müssen nachgesehen und vom Schnee eingedrückte Drahtgitter ergänzt werden. Wir wollen Sonnen- und andere Sommerblumen säen. Blumen sollen ums Haus herum sein. Wir wollen so in Blumen versinken, wie wir im Schnee versunken waren.

Luzi und Rosmarie werden kommen, um uns zu helfen. Dann sind wir zu fünft, juhui.

Wo drei Platz haben, haben auch fünf Platz!

Die Schreibmaschine aber, die wird in der Biedermeierkommode versenkt, wird Sommerstaub ansetzen, sobald Susi die letzten Seiten abgeschrieben hat – und die ausgewählten von Fränzis Koch-Tagebuch.

Fränzi und ich aber – wir sind nun sozusagen

«nach Diktat verreist», zusammen mit Pierino und den Schafen nach Cortino. Zuerst dürfen sie weiden. Dann wird Pierino eine Heufuhre heimtragen. Wer weiß – vielleicht schneit es noch einmal in diesem seltsamen Jahr, das soviel Schnee ins Tessin und soviel Leben in mein kleines, krummes Häuschen gebracht hat.

Koch- und Tagebuch von Fränzi Meier, Froda

ein Dienstag

Ich, Fränzi Meier, bin jetzt schon ziemlich lange hier. Weil Frau Meier will, daß ich alles sehr eksakt mache, schreibe ich die schwierigen Sachen auf – und auch die Sachen, wo mich ärgern und auch die Waisheiten von Frau Meier, die manchmal gar nicht so dumm sind.

Selbstgemachte Teigwaren

Pro Person rechnet man 75 g Mehl. Man siebt das Mehl auf den Tisch und gibt so viele Eier dazu, daß ein zäher Teig entsteht, leicht salzen. Diesen Teig mindestens fünfmal auswallen, zusammenfalten, wieder auswallen. Am besten so lange, bis man müde ist (oder wie das bei mir der Fall war, der Tisch krachte). Der hauchdünne Endteig wird in feine Streifen geschnitten für Nudeln oder in 5 cm breite für Lasanie. Man kann sie dann sofort verwenden oder für später trocknen. Wir nehmen hierfür den Windelständer.

Gut haltbare Tomatensugo und Tomatensaft

Frau Meier nahm letzten Sommer so viele geviertteilte Tomaten, daß ihr 7-Liter-Kochtopf eben voll gefüllt war. Zwei Eßlöffel Salz und zwei Eßlöffel guten Rotweinessig darüber geben, zwei Lorbeerblätter dazu. Eine Viertelstunde kochen. Den Saft abschöpfen, pfeffern, ihn nochmal zum Kochen bringen, in ganz saubere Bierflaschen mit Bügelverschluß kochend heiß abfüllen, obendrein einen Eßlöffel gutes Olivenöl leeren, heiß verschließen. Das wär der Saft.

Das verbliebene Mus ebenfalls nochmals aufkochen, Lorbeerblätter entfernen, in Gläser mit Schraubdeckel abfüllen, obendrein 1/2 cm Olivenöl leeren, heiß verschließen.

Letzthin habe ich ein Glas vom vorletzten Jahr aus dem Keller geholt. Der Inhalt war noch tipptopp. Frau Meier sagt, das kommt davon, wenn man eksakt arbeitet.

Aus den selbstgemachten Teigwaren mit dem Tomatensugo mache ich

Fränzi Meiers Lasanie

Sie tönen kompliziert, aber es ist nicht so schlimm. Wer keine selbstgemachten Teigwaren hat, nimmt gekaufte, und anstatt selbstgemachtem Tomatensugo Dosentomaten.

Für vier Personen brauchen wir

100 g Speckwürfel, 200 g Hackfleisch, zwei Zwiebeln, zwei Knoblauchzehen, ein Glas Sugo, das etwa einer Kilodose geschälter Tomaten entspricht, ein Döschen Tomatenpürrée. Speck, Fleisch, Zwiebeln, Knoblauch in Olivenöl dämpfen, Sugo und Tomatenpürrée dazu, eine Stunde auf kleinem Feuer kochen. Salz und Pfeffer nach Belieben, würzen entweder mit Rosmarin oder mit Salbei oder mit Basilikomm. Aber nicht mit allem zusammen, sonst rümpft Frau Meier die Nase.

Ferner braucht man Bechamehlsauce. Die haben wir im Kochkurs gelernt, wo man sie wie folgt macht:

Man dämpft zwei Eßlöffel Mehl in zwei Eßlöffel geschmelzter Butter, rührt fleißig, gibt 1 Viertelliter Milch dazu, darf, wenn man will, mit Zitronensaft abschmecken, vergißt Salz und Pfeffer nicht. Ich nehme noch einige Spritzer Maggiwürze.

Ende der Vorbereitung, Anfang der Lasanie:

Teigwaren in viel Salzwasser und ein bißchen Oel weichkochen, auf ein Tuch legen.

Eine Auflaufform mit Olivenöl bestreichen, lagenweise Lasanie, Sugo, Bechamehlsauce, Mozzarellakäse, wieder Lasanie usw. einfüllen. Mozzarella darf man weglassen. Zuoberst muß Bechamehl sein, das man mit geriebenem Parmesankäse und Butterflocken bestreut. Im vorgewärmten Ofen bei zweihundert Grad zwanzig Minuten backen.

Wir essen Salat dazu.

Frau Meier sagt: Lasanie schreibt man Lasagne, Bechamehl Bechamel, Basilikomm ist Basilikum. Aber auch wenn es falsch geschrieben wird, ist es gut.

*

ein Samstag

Wir hatten Besuch, wir haben Besuch, wir werden Besuch haben. Frau Meier müßte in den Stall kommen, weil eine Kaninchenfamilie Durchfall hat, sie müßte mir sagen, wo wir noch roden sollen, mir zeigen, wie man Wolle zwirnt. Was macht sie stattdessen?

Sie bekommt Besuch! (Leute, die ihre Bücher lesen.)

Susi und ich fanden das anfänglich lustig. Jetzt nicht mehr. Sogar die Leute, die am andern Flußufer stehen und uns mit dem Fernglas betrachten, gehen uns auf die Nerfen. Du kannst Dich nie am Popo kratzen, und darfst nicht Nasenbohren, weil du nie weißt, ob da nicht jemand zuschaut.

Letzthin hatten wir Besuch, der brachte Salami und Wein mit. Aber wir hatten kein Brot mehr. Was tun? Frau Meier drückte mir ein Rezept in die Hand und sagte, das müsse ich in einer halben Stunde servieren. Die Dingser heißen Scones und kommen aus England und sind eine Art Milchbrötchen. Man macht sie so:

Erste Handlung: Backofen auf ganz heiß einstellen, dann man nehme:

250 g Mehl
1 1/2 dl Milch
1/2 Teelöffel Salz
4 Teelöffel Backpulver
70 g Margarine oder Butter

Mehl und Backpulver sieben, auf dem Tisch von Hand Butter und Salz darunterkneten, langsam Milch beigeben, kneten. Es muß ein sehr weicher, aber nicht nasser Teig entstehen, der nicht an den Händen klebt. Einen runden Fladen von einem Zentimeter Dicke formen, in dreieckige Teile schneiden wie ein Kuchen. Die Stücke auf ein ungefettetes Blech legen und im heißen Ofen 15 Minuten backen.

Die Scones können warm gegessen werden. Susi und ich haben sie noch lieber, wenn sie einen Tag alt sind. Aber meistens werden sie nicht so alt.

Frau Meier verbietet, daß Susi und ich den Fernglas-Leuten die Zunge herausstrecken.

*

ein Sonntag

Sonntage habe ich nicht gern. Wenn ich nichts zu tun habe, kommen meine Gedanken. Dann bin ich traurig oder mißmutig und nicht nett mit Susi und nicht nett mit Frau Meier. Sie hat mir deshalb heute aufgetragen, einen speziell guten Kuchen zu bakken, damit ich nicht grüble. Er heißt «Basler Sandtorte».

250 g Butter
250 g Zucker
1 Kaffeelöffel Nescafé
2 Eßlöffel Kakaopulver
4 Eier
500 g Reis-, Mais- oder Kartoffelmehl
1/2 Päckchen Backpulver

Butter weich werden lassen, mit Zucker verrühren, Nescafé und Kakao dazu, rühren bis es schaumig ist, dann die Eier und zuletzt das Reismehl darunter ziehen. In Keikform oder runde Springform füllen, 3/4–1 Stunde backen bei 180 Grad.

Nach Belieben kann der Kuchen gefüllt werden.

Füllung

100 g Butter weich werden lassen, dann 2 Eßlöffel Puderzucker, etwas Nescafé und Kakao dazu, je nach Geschmack. Wenn das Teiglein schön glatt ist, 1–2 Eigelb dazu geben und gut vermischen. Der kalte Kuchen durchschneiden und Füllung dazwischen streichen.

Ich habe ein Stück versucht und bin jetzt nicht mehr traurig.

Frau Meier sagt: man soll nie nie sagen.

*

Susi hat nicht gern Käse. Wenn ich den irgendwo reintue, dann spuckt sie, schneidet Grimassen und schiebt den Teller weg. Ich glaube, die würde lieber verhungern als Käse essen. Aber Frau Meier hat sie überlistet. Sie machte Salatsauze für Fenchel und Brüsseler Chicorée, nahm dazu

1/2 Becher Yoghurt
Saft einer Zitrone
50 g fein zerdrückten Gorgonzolakäse
Salz, Pfeffer und Maggiwürze

Susi rollte die Augen (sie kann das wie ein Zirkusklon) und sagte, sooo gute Salatsauze habe sie noch nie gegessen. Frau Meier und ich haben uns nur angeschaut, aber *nicht* gelacht. Daß Käse drin war, wird Susi erst erfahren, wenn sie mein Manuskript abschreibt. Tschüss!

gez. Fränzi Meier

P.S. I von Susi betr. Käse:

Ich, Susi Meier, rase vor Zorn und sage ganz laut und deutlich «Himmuplütter»! Frau Meier wird lachen. Ich werde sie böse anschauen. Sie wird weiter lachen. Ich werde weiter rasen.

Ich rase nicht mehr, denn es ist ein Brief eingetroffen.

P.S. II von Susi betr. Visum für Kanada: Es ist abgelehnt worden. Jetzt darf ich hierbleiben, hurra!

gez. Susi Meier